神山進化論

人口減少を可能性に変えるまちづくり

神田誠司

学芸出版社

山々に囲まれた段丘に田畑と家が並ぶ神山の町

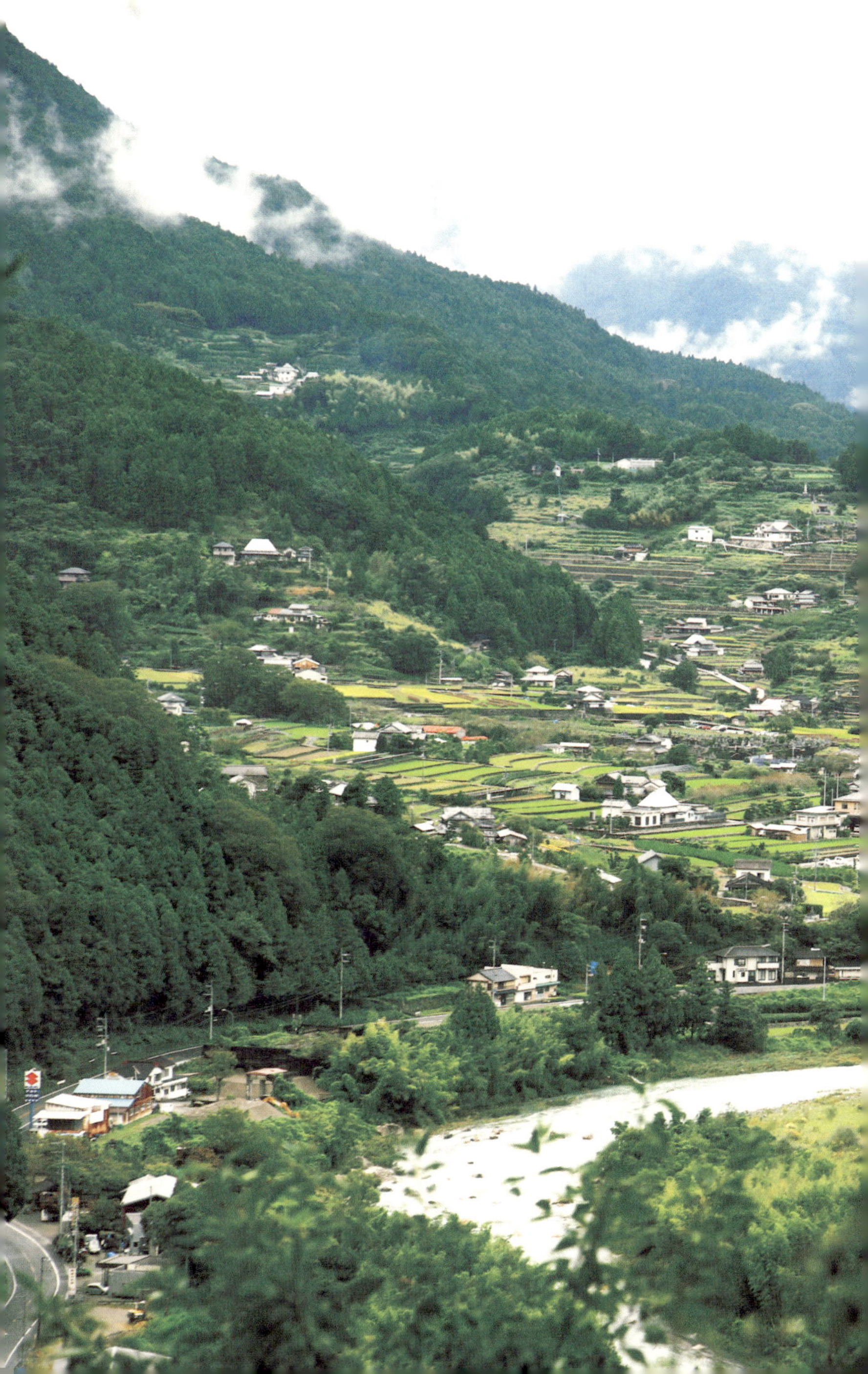

はじめに——なぜ、神山は進化し続けるのか？

「消滅可能性都市」という言葉がある。

少子化や人口流出にこのまま歯止めがかからなければ、消滅する可能性がある自治体のことを言う。民間の研究グループ・日本創成会議が２０１４年５月に発表した、全国の自治体の半数は消滅する可能性があるというレポートの中で使われて注目された。

たしかに人口減少と少子高齢化が急速に進む地方を取材に歩くたび、持続可能性を急速に失いつつある状況を目の当たりにする。若者や子どもの姿を見かけるのは稀で、小中学校の統廃合が進む。担い手のいない田畑は次々と耕作放棄地となり、美しい田園風景は失われつつある。地域の経済は衰退し、働き口を求めて都会へと向かう若年層の流出に歯止めがかからない。

八方塞がりに見える地方の現状にどうやって風穴を開ければいいのか。そんなことを考えているとき、四国の山奥に不思議な田舎町があることを知った。

それが徳島県の神山町だった。

徳島市中心部から南西に、川沿いの曲がりくねった国道４３８号を車で走り、最後に長いトンネルを抜けると、45分ほどで神山町に辿り着く。周囲を標高１０００メートル級の山々に囲まれ、総面積の83％を山林が占める。吉野川の支流で一級河川の清流・鮎喰《あくい》川が町を流れている（2頁写真）。四国霊場十二番札所の焼山寺と神山温泉があるが、ほかにこれといった観光地はない。産業も特産のスダチの生産量こそ日本一だが、かつて町を支えた林業は見る影もない。

そんな神山町は1955年に阿野村、下分上山村《しもぶん》、神領《じんりょう》村、鬼籠《おろの》野村、上分《かみぶん》上山村の5村の合併によって誕生した。合併時に2万人を超えていた人口は、2015年の国勢調査で約5300人、ほぼ4分の1に減った。高齢化率は48％に達し、人口減少と高齢化が際立つ典型的な過疎の町だ。日本創成会議のレポートでも、全国で20番目に「消滅可能性が極めて高い」と宣告されている。

ところが、神山町には都会から若者が次々と移り住んでくる。2008年からの8年間だけでも少なく見積もって91世帯、161人にのぼる。それもウェブデザイナー、コンピュータグラフィックスのエンジニア、アーティスト、料理人やオーダーメイドの靴職人などクリエイティブな職業の若者が多い。

さらに不思議なのは、IT（情報技術）ベンチャーが次々と進出してくることだ。東京や大阪からやってきて、サテライトオフィスを構えたり、町に本社をおく新会社を立ち上げたりした会社は2011年以降、16社にのぼる。

そんな町には、地方再生のヒントを得ようと、全国から視察が相次いでいる。この3年間だけ

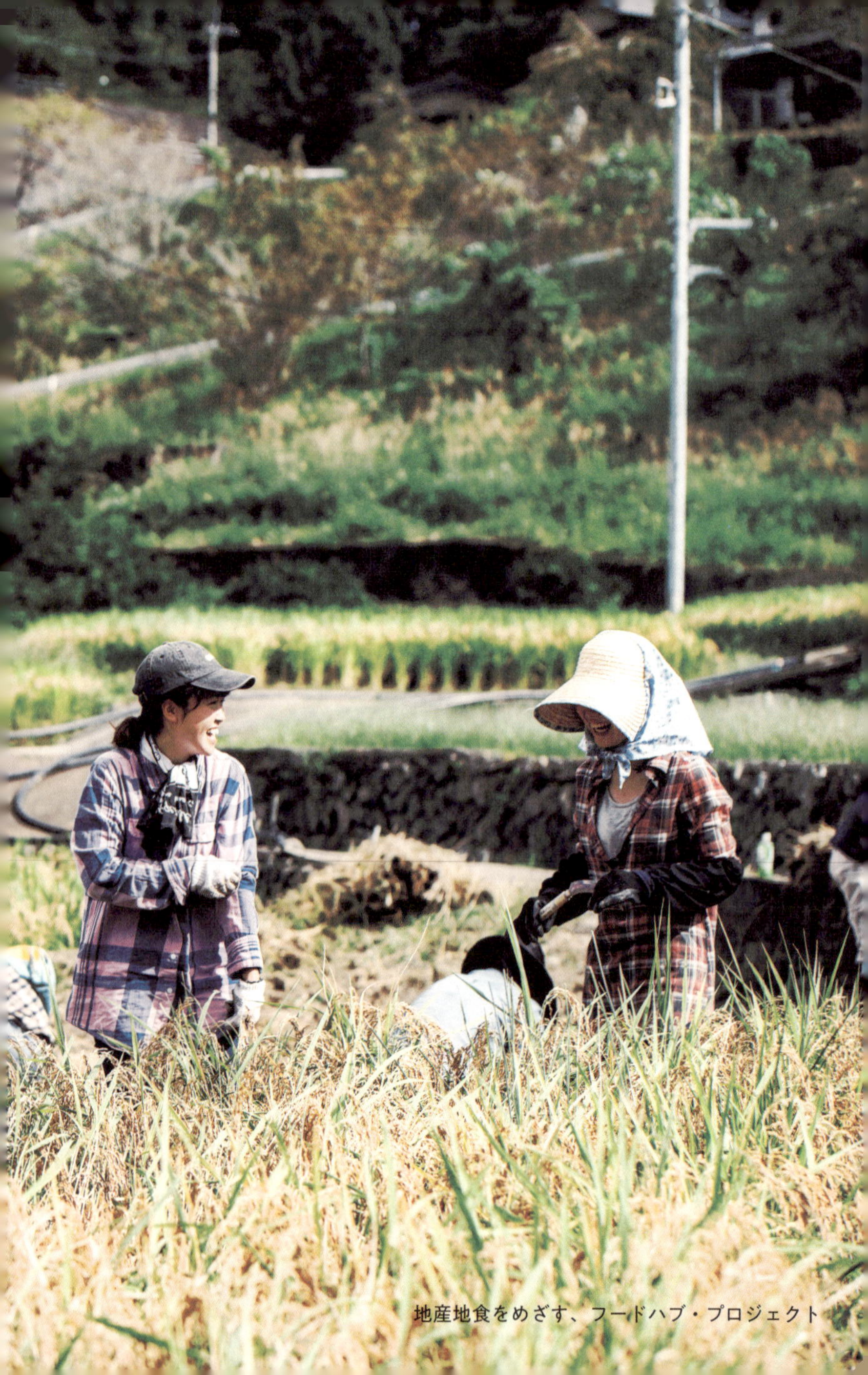

地産地食をめざす、フードハブ・プロジェクト

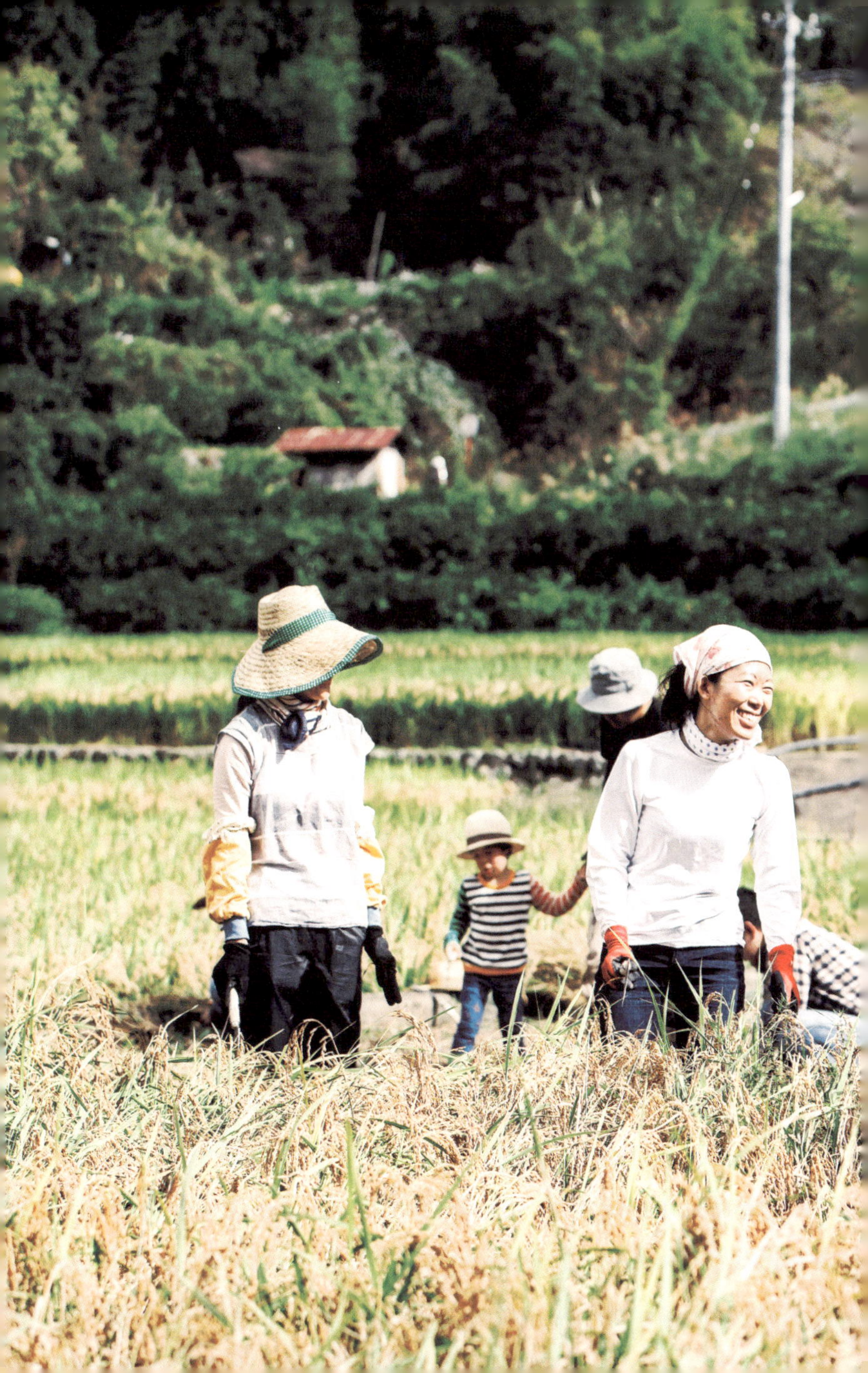

でも約1000団体、約6500人。大企業の社長や国会議員、中央省庁の官僚、各地の自治体の関係者が足を運ぶ。

しかし、実は神山町のすごさはここから先にある。

2015年の地方創生戦略づくりをきっかけに、今、町ではさまざまなプロジェクトが同時並行で進んでいる。

その一つ、「フードハブ・プロジェクト」は、「地産地食」を進め、農業の担い手を育成し、「食」を通じて地域をつなぎ直そうとしている。日本の農業を再生させるかもしれない壮大な挑戦だ。

神山の木を使って、神山の大工が建てる集合住宅づくりも音を立てて進んでいる。衰退した林業を振興させ、建設業の担い手を育てるだけでなく、多面的な狙いがあり、住まいをつくるプロジェクトがそのまま「まちづくり」になっている。

さらに、町で唯一の高校でありながら、地域との関わりが薄く、浮いた存在だった農業高校を、地域の未来を担うリーダーを育てる拠点として再生する教育プロジェクトも進んでいる。

しかも、そうしたプロジェクトは、行政と民間、元からの住民と移り住んだ住民たちが連携し、一体となって進めている。エンジンの役割を果たす「神山つなぐ公社」という実動部隊には多士済々の若いスタッフたちが集まっている。

神山を「ＩＴ企業が進出して移住者が多い町」としか認識していないとすれば、大きな間違いだ。この町は、進化を続けている。

なんの変哲もなさそうに思える過疎の町は、なぜ進化し続けるのか？

その謎に迫ることができれば、多くの地域の参考になるかもしれない。

そこで、２０１６年春から神山町の取材を始めた。１００人を超す人たちを取材するなかで多くの気づきがあり、驚きがあった。

さあ、不思議な田舎町の話を始めたい。

＊本文中は敬称を略します。登場人物の肩書は取材時のままとしました。

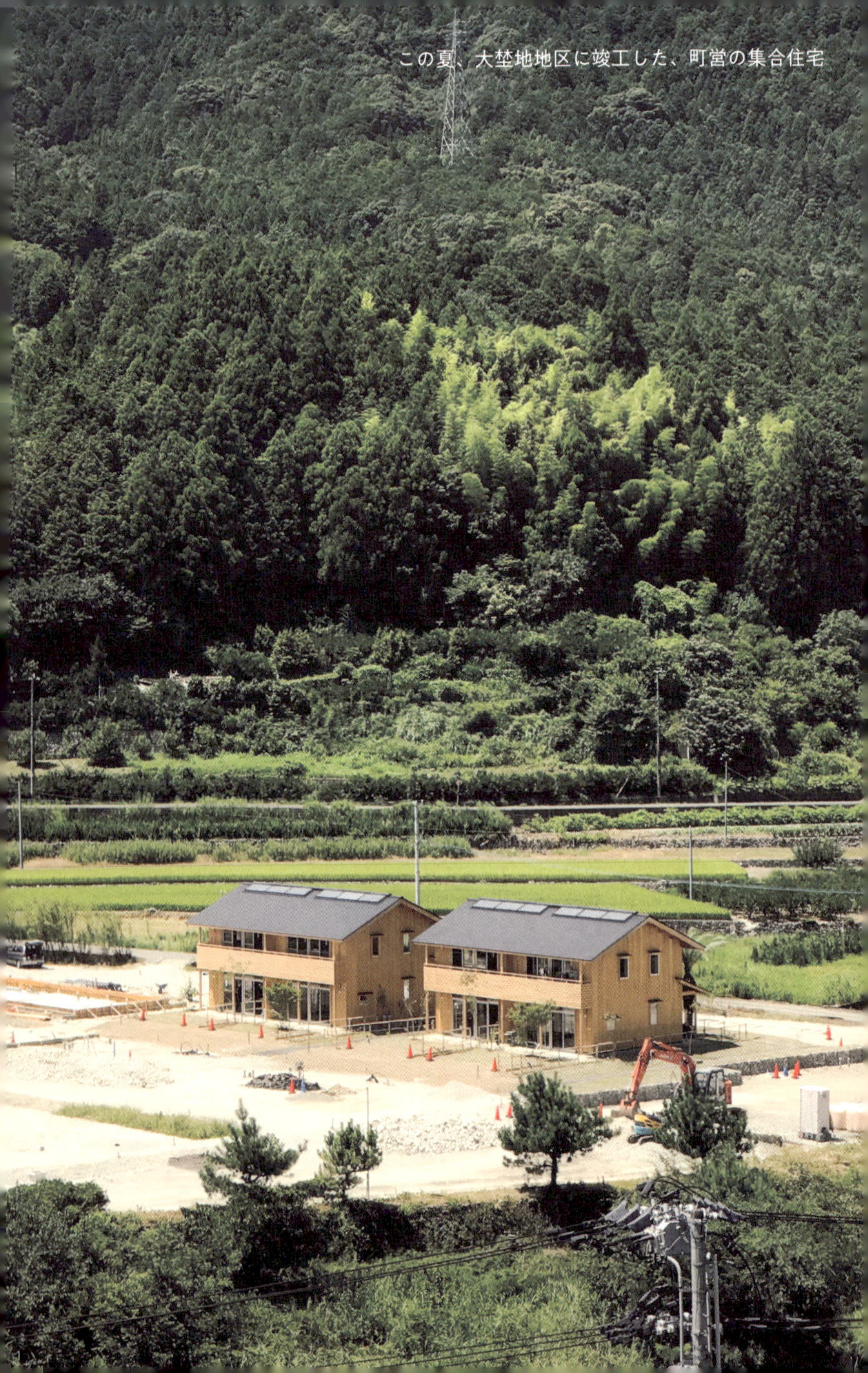

この夏、大埜地地区に竣工した、町営の集合住宅

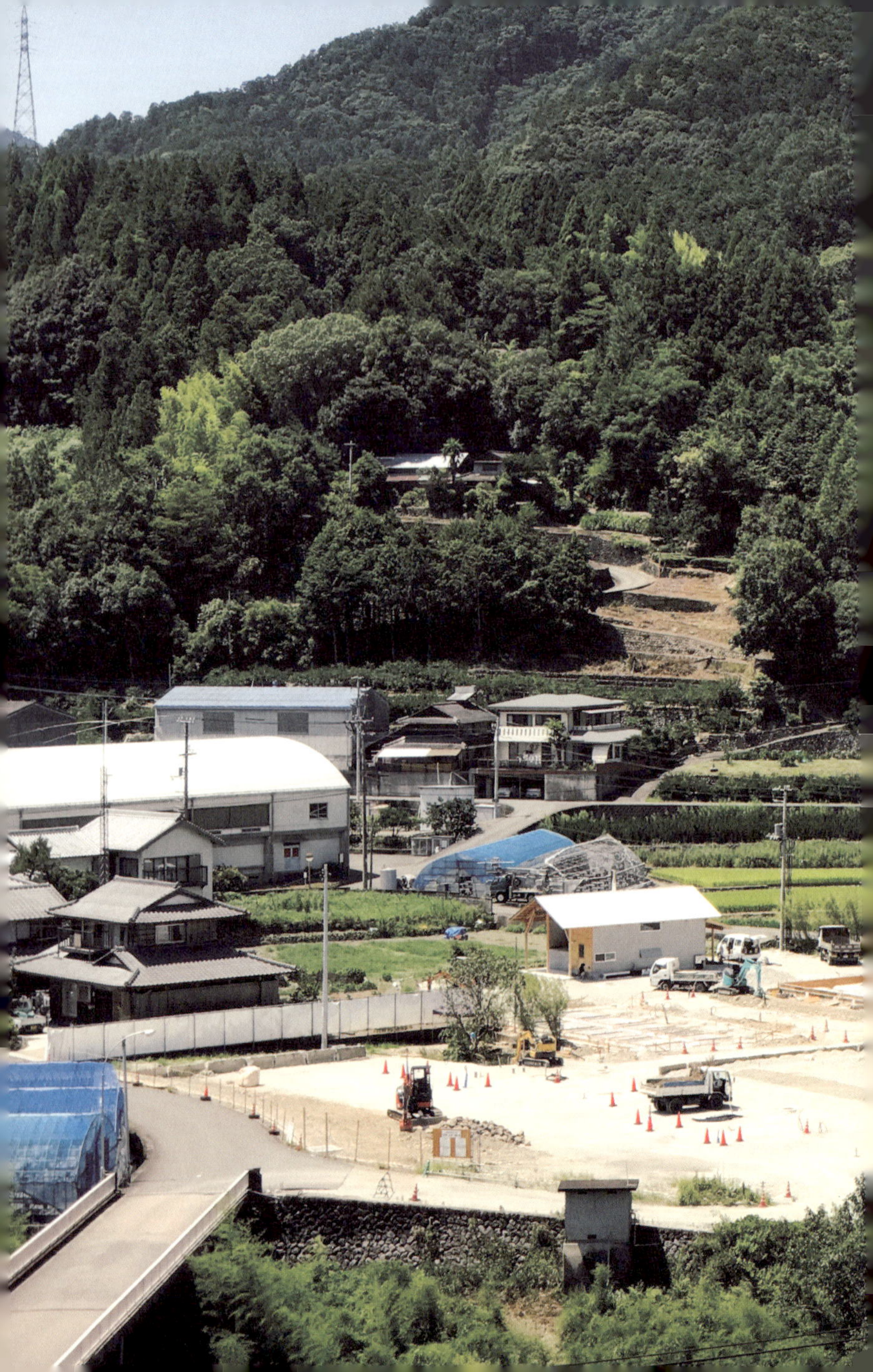

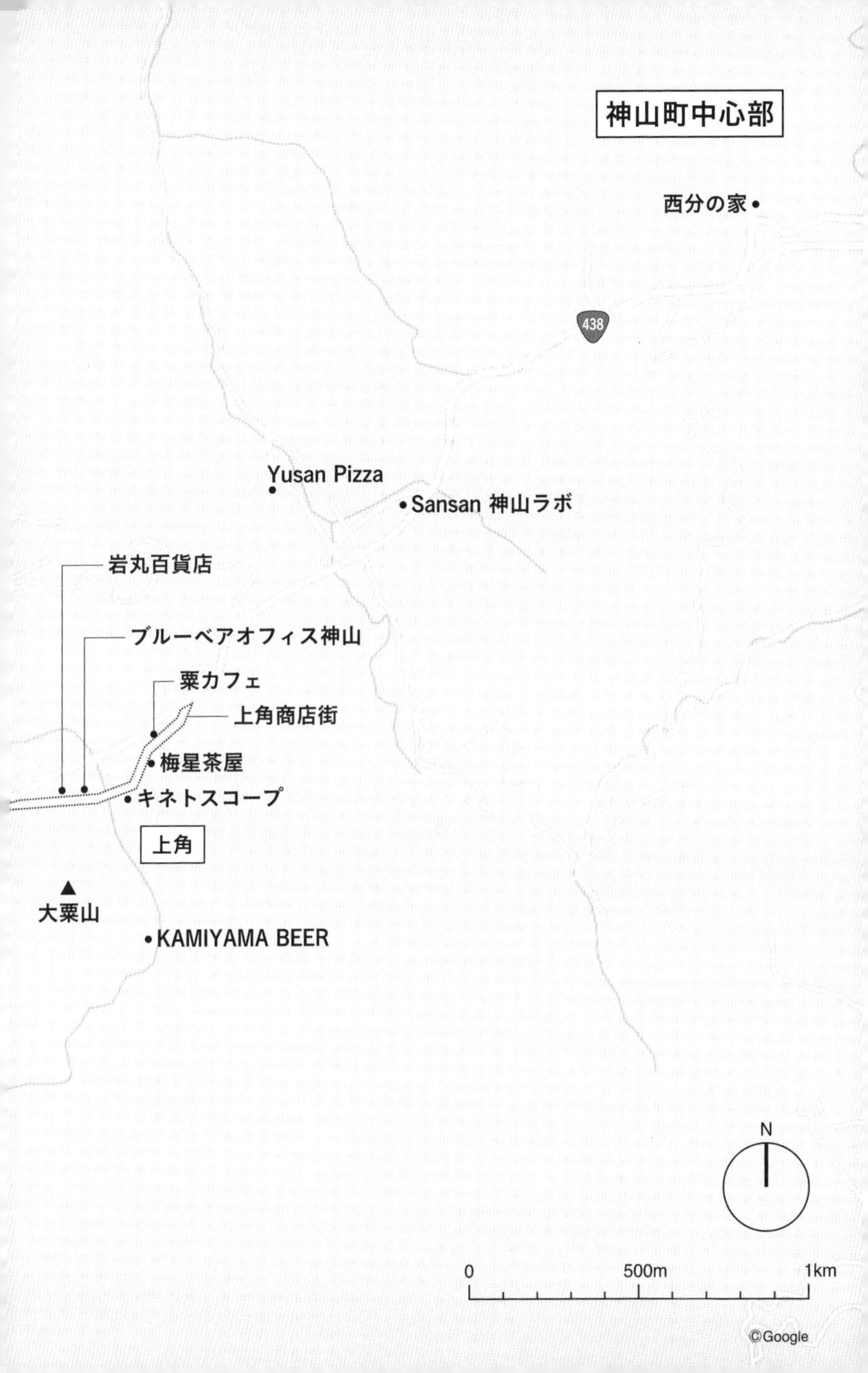
神山町中心部
西分の家
438
Yusan Pizza
Sansan 神山ラボ
岩丸百貨店
ブルーベアオフィス神山
粟カフェ
上角商店街
梅星茶屋
キネトスコープ
上角
大粟山
KAMIYAMA BEER
N
0
500m
1km
©Google

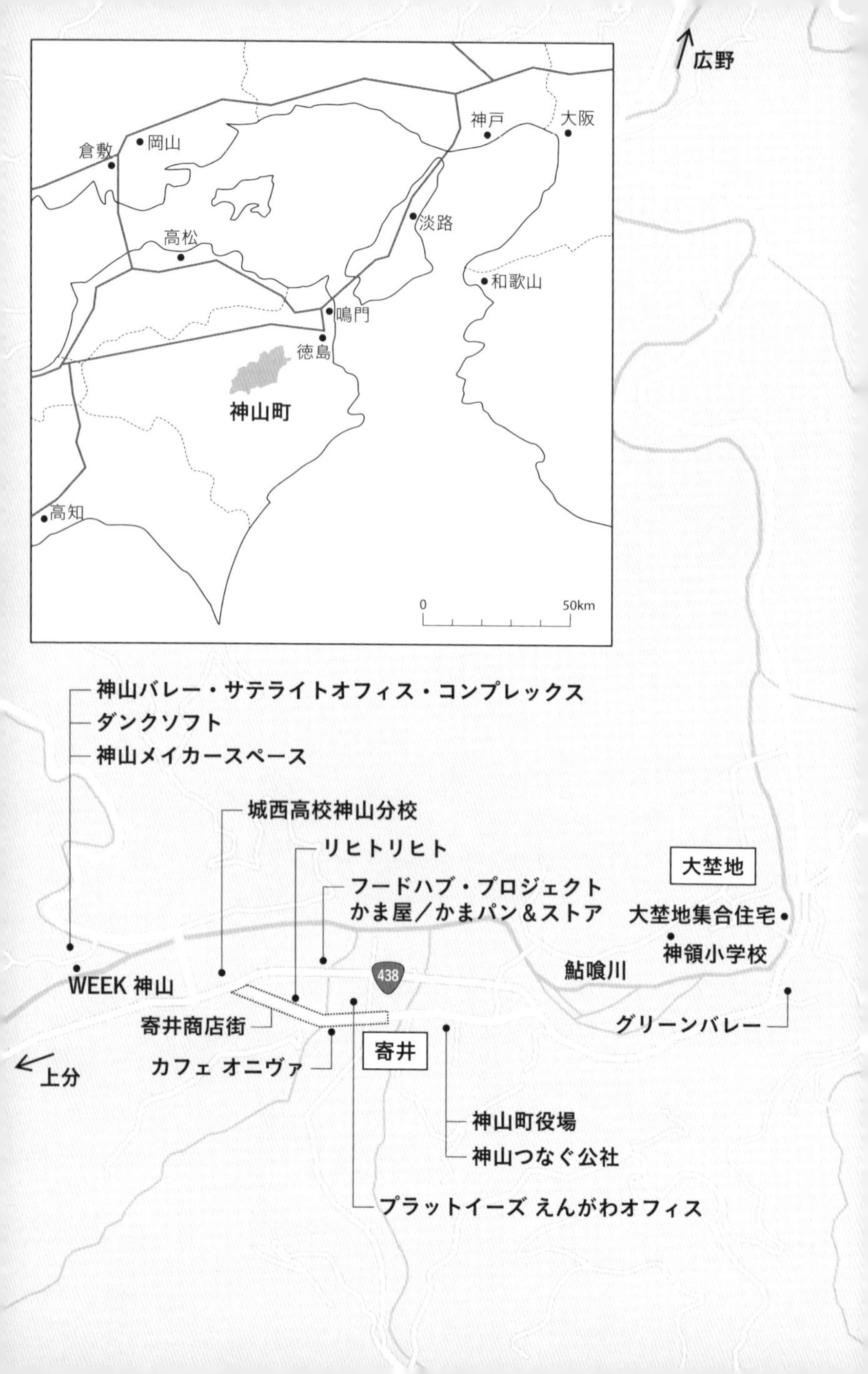
広野
倉敷
岡山
神戸
大阪
淡路
高松
和歌山
鳴門
徳島
神山町
高知
0
50km
神山バレー・サテライトオフィス・コンプレックス
ダンクソフト
神山メイカースペース
城西高校神山分校
リヒトリヒト
フードハブ・プロジェクト
かま屋／かまパン＆ストア
大埜地
大埜地集合住宅
神領小学校
鮎喰川
438
WEEK 神山
寄井商店街
グリーンバレー
寄井
カフェ オニヴァ
上分
神山町役場
神山つなぐ公社
プラットイーズ えんがわオフィス

働き方の革新をミッションに掲げるSansanのサテライトオフィス、神山ラボ

15社が入居する神山バレー・サテライトオフィス・コンプレックス

神山メイカースペースの代表あべさやかさんとスギを加工する城西高校神山分校の森林女子部

料理長の細井恵子さんらが開発する地元食材を使ったメニューが人気の食堂、かま屋

目次

はじめに――なぜ、神山は進化し続けるのか？　4

1章　不思議な田舎ができるまで　21

ヨソ者にオープンな不思議な町　22
風変わりなＮＰＯ、グリーンバレー　23
日本離れした神山の原点はシリコンバレー　26
青い目の人形との出会いが始まりだった　27
小さな成功体験を積み重ねる重要さ　28
とびきりのヨソ者に慣れる　31
世界の芸術家村をつくろう　32
アーティスト・イン・レジデンスを始める　33
求める価値は、結果でなくプロセス　34
「ない」ことを前提に考える　36
アーティストという異物をのみ込む　38
アーティスト支援から、移住者支援へ　40
移住者を「逆指名」する逆転の発想　41
ハードルを上げて移住者は来るのか　42
民間だからできた移住者の「逆指名」　45
神山の空気が人を呼ぶサイト「イン神山」　46
「創造的過疎」―人口が減っても豊かな未来をつくる　48
四半世紀、続けてこられた理由　49

2章　IT企業が実験する創造的な働き方　51

働き方の革新をミッションに掲げるIT企業　52
シリコンバレーで見た働き方に衝撃　54
地域貢献なんて考えなくていい　57
より創造的に生産的に仕事をする　59
偶然を引き込む力　62
IT企業が地方に進出する理由　63
神山町を全国に知らしめた「奇跡のショット」　65
出入り自由、緩さにほれた　66
サテライトオフィスが地元雇用を生んだ　68
新しい働き方を体験する宿をつくろう　71
住民出資の会社をつくる　72
スタートアップのインキュベーター　75
いろんなプロフェッショナルが集まる町　77
ものづくりの楽しさを体験できるメイカースペース　78
山と川を守る、手づくりの器　81
神山が育てた建築家たち　84
設計料なし、でも若手に自由にやらせてくれる　86
人の誘致でコトを起こす「ヒトノミクス」　89

3章　なぜ移住者は神山をめざすのか　91

「生きる」と「働く」がつながった暮らし求めて　92
食材とホスピタリティへのこだわり　95
週休3日、やりたいことを追求する働き方　97
サラリーマン生活にサヨナラしたカフェ店主　100
若者を呼び込む神山塾という装置　102
「やったらええんちゃう！」に背中を押されて　104
もっといたいと思わせるお試し移住　106
起業する塾生たち　109

塾生を迎える神山のお父さん、お母さん 110
塾生の4割が地域に残る理由 114
親切が循環する町 115
海外からも移住する人間交差点 118

4章 町の未来を自分事にする——地方創生戦略づくり 123

プレイヤーが別々の方向を向いているという焦り 124
ステージを変えた、地方創生戦略づくり 126
絵に描いた餅はいらない 127
官民連携にうってつけの人 129
神山の抱える三つの課題 132
「異議なし」みたいな会議にしない 133
常識を破る「るつぼ」で議論 135
「ジ・エンド」の危機感を共有 137
議論できる頭をつくる 140
突きつけた「なりゆきの未来」 142
学校存続に必要な人口の適正規模 144
考えなくなっている自分に気づいた役場職員 146
「公社」という実働部隊 148
役場を辞めてみませんか？ 150
自分事にする、町が変わる 152
可能性があるところに人は集まる 154
最大の成果は人々を本気にさせるプロセス 155

5章 官民連携の実動部隊——神山つなぐ公社 157

戦略を実現させるチーム編成 158
神山の建築士に届いた一通のメール 160
住民だけど町のことを知らない 162
いろんな人が何かを始めようとしている町 163

地方から日本が変わる現実を見たい 164
熱量の高い海士町で学んだ、これからの教育 166
留学してやりたかったことが目の前に現れた 168
神山に流れる可能性を感じさせる空気 170

6章 農業の未来をつくる——フードハブ・プロジェクト 171

「地産地食」を進める会社 172
自分を幸せにするものさしを持つ 175
食の未来を共有する2人の出会い 177
農業の未来が見えない 178
この町に骨を埋める人じゃないと必要ない 179
少量生産と少量消費をつなぐフードハブ 181
集まってきたプロフェッショナルたち 183
フードハブならではの「産食率」 185
人と人をつなぐ食育 188
農業の将来が見えてきた 190

7章 林業・建設業の未来をつくる——大埜地集合住宅プロジェクト 195

最優先課題は住まいづくり 196
子どもを育てるコミュニティの再生 197
鮎喰川コモンというサードプレイス 199
一緒につくる丁寧なプロセス 201
地元の木で、地元の人がつくる 202
町の木の認証制度をつくる 205
手刻みの技術、継承したい 206
林業―製材―大工のつながりを結び直す 208
100年もつ環境性能の高い家づくり 211
ふるさとの風景をつくる、どんぐりプロジェクト 214

8章　教育の未来をつくる——地域のリーダーを育てる農業高校　217
地域から隔絶していた農業高校　218
評価されることで生徒は変わる　219
農業高校だからできる、地域と直結した授業　221
高校生が地域で学ぶ、神山創造学　223
高校と地域をつなぐ、孫の手プロジェクト　225
人生の大先輩から教わること　227
今の農業高校に魅力はあるか？　229
中山間地の農業をリードする高校に　230
地域への誇りを育む国際交流プロジェクト　232
「重要なのは人」という信念　234

9章　なぜ神山は前進するのか　235
町の血行をよくするバスツアー　236
移住者と住民が交わるきっかけ　237
神山のプロジェクトが前進する理由　240
130人が詰めかけた「つなプロ」発表会　243
めざしているのは本物の「協働」　245
ワクワクする未来をつくる　246

おわりに——仮説をひっくり返される快感　248

1章　不思議な田舎ができるまで

なぜ、神山町に人や企業が集まるのか。

2016年春、町に入った私は「あなたはなぜ、神山に」と質問して回った。だが、IT企業の経営者や移住者の返事は、予想外のものだった。

ヨソ者にオープンな不思議な町

IT企業が神山町に進出する理由の一つに、抜群のネット環境がある。少し説明すると、テレビの電波が2011年に地上波から地上デジタルに切り変わる前の2005年、山がちで難視聴地域を多く抱える徳島県では、長さ約20万キロにも及ぶ光ファイバー網を全域に張り巡らせた。

なかでも熱心に取り組んだのが神山町だった。光ファイバー網はインターネットの高速道路のようなものだ。しかも神山町のような田舎では利用者が少ないため、ガラガラの高速道路でスピードを出せるのと同じで通信速度は抜群に速くなる。その速さがIT企業をひきつけたのだ。

ところが、サテライトオフィスを開いた経営者たちは「それはきっかけにすぎません」と口を揃えた。では、決め手は何だったのかと尋ねると、とても過疎の田舎町の話とは思えないような理由が返ってきた。

「町の人に多様性を許容する懐の深さを感じたから」

「人間関係もフラットで自由。人の距離感も絶妙で、それが心地よかった」

「さまざまな分野のプロフェッショナルが集まっていて、都会的な雰囲気もある。それでいて人の距離が近いので交流の機会が多く、東京で暮らすよりもずっと刺激的だから」

移住者からも同じような理由を聞いた。

「この町の人は外の人にオープンでポジティブ」

「何か新たなことが生まれそうなクリエイティブな空気が流れているから」

「ワクワクする雰囲気があるから」

そんな田舎があるだろうか。田舎町と言えば、ヨソ者を受け入れない閉鎖的なイメージがある。なぜ神山町は真逆のイメージで語られるのだろう。

風変わりなＮＰＯ、グリーンバレー

「つくづく不思議な田舎ですよね」と話す町民、海老名三智子に会ったのは、そんなことを考えていたときだった。

海老名は神山町にある神領《じんりょう》小学校の教員だが、当時は鳴門《なると》教育大学の教職大学院に通っていた。移住者が増え、ＩＴベンチャーが進出してくるようになった町の変化を授業で教えようと研究し

ていたのだ。

県内のほかの町で生まれ育ち、約20年前、結婚を機に神山町民になった海老名は長い間、神山を変わった町だと思ったことはなかった。しかし、6年ほど前から移住者が増え始め、彼らの口から「この町はなんとなく自由で、異質なものを受け入れる寛容さがある」と聞くようになった。

「言われてみると、確かにそんな感じになっていました。でも初めからそんな町だったわけじゃない。やっぱりグリーンバレーさんの力が大きいと思います」

「グリーンバレー」とは、神山で移住促進やIT企業誘致を一手に担っている地元のNPO法人だ。だが、一つのNPOが町を変えるなんてことができるのか。疑問を胸に私はグリーンバレーの事務所を訪ねた。

事務所は、町役場のある神領集落の高台にある。小学校舎だった建物は神山町農村環境改善センターとして活用され、指定管理を町から委託されているグリーンバレーの事務所も1階に入っていた。

事務局のスタッフは6人。55人の会員はほぼ町内在住。9人の理事がいて、理事長を務める大南信也が「グリーンバレー」という名前の由来を話してくれた。

「2004年12月にNPOを設立するとき、何もない田舎だったアメリカのシリコンバレーがIT産業発祥の地になったように、何かが生まれるクリエイティブな町にしたいと仲間と話しあ

いました。名前もあやかろうとしたけど、うちの町には半導体の原料になるシリコンはない。でも緑ならたくさんあるのでグリーンバレーになったわけです」

それにしても、なぜシリコンバレーなのだろう?

理由は、理事長である大南の経歴にあった。大南はシリコンバレーにある名門スタンフォード大学の大学院に留学経験のある異色の土建屋だった。大南は地元の建設会社、大南組と大南コンクリート工業の代表取締役をしている。しかし、「地方の土建屋の社長」という固定したイメージがあるとすれば、ずいぶんと違っている。

オープンでフラット。穏やかだが、弁が立ち、知的な雰囲気がある。かといって自分の考えを押しつけない。話す相手が、大臣でも大学生でも接し方は変わらない。いつも笑顔でユーモアを忘れない。

持ち上げすぎの感もあるが、周囲が語る大南の人物評は、移住者たちが語る神山町のイメージと重なるところが多い。そんな大南のキャラクターは、どのように形づくられたのだろう。

グリーンバレーの大南信也さん

日本離れした神山の原点はシリコンバレー

１９５３年、建設会社を営む家の長男として生まれた大南は、アメリカに憧れる少年に育った。高校時代はアメリカの歴史書を読みふけった。

「田舎の窮屈さの中で育って、なんとなく自由で広大なアメリカに憧れたんでしょうか。育った時代もあったと思います。60～70年代は先進国イコール、アメリカというイメージでした」

東京の大学で理工学部を卒業した大南は１９７７年、シリコンバレーにあるスタンフォード大学の大学院に留学した。同じ年、スティーブ・ジョブズが率いるアップルがＡｐｐｌｅⅡを発表。大南はパーソナルコンピュータの黎明期を迎えたシリコンバレーでその空気を体感することになる。大学ではすでに一部の授業が、シリコンバレーにあったゼロックス、ヒューレット・パッカードといったＩＴ企業に有料で配信されていた。大型コンピュータにアクセスできる部屋は24時間開放され、夜中でもプログラミングに没頭する学生が絶えなかった。

「今までにない何かが生まれている空気が流れていて、刺激的な毎日でした」

ヨーロッパ、アフリカ、アジア……。キャンパスで世界中から集まった学生と交流し、議論した。突き抜けるような青空が広がるカリフォルニアで2年間、大南は思いきり自由を謳歌した。

「アメリカ社会で感じたオープンさ、自由で多様性を受け入れる雰囲気はグリーンバレーに反映していると思います。グリーンバレーの原点はシリコンバレーにあるのかもしれません」

1979年、大南はそんな2年間を過ごしたアメリカから神山に戻った。「家業を継ぐのは父との約束でしたし、抵抗や未練といったものはありませんでした」。

青い目の人形との出会いが始まりだった

故郷に戻った大南は家業の建設業に専念して仕事を覚え、結婚して2人の子どももできた。しかし、小さな過疎の町で暮らすうちに「もうちょっと面白い町にならないか」と思うようになる。1990年、そんな日々に転機が訪れた。

「あれから神山のまちづくりが始まりました」

大南がそう振り返る「あれ」とは、太平洋戦争の前にアメリカから神山町の小学校に贈られた一体の青い目の人形との出会いだった。

子どもが通う神領小学校のPTAの会合に出席するために学校を訪れた大南は、廊下に飾ってある人形に目をとめた。ガラスケースに入った女の子の人形の身長は38センチ。黒いドレスを着て、白いレースをまとっていた。人形は、日本人移民の排斥問題で悪化する日米関係を憂慮した

親日家が「友好の印に人形を日本の子どもたちに贈ろう」と全米に呼びかけ、1927（昭和2）年に日本全国の小学校や幼稚園に贈られた約1万2700体の人形の一つだった。

しかし、日米開戦で大半が「敵国の人形」として壊されたり、焼かれたりして全国でも300余りしか残っていない。神領小では当時の女性教諭が「人形に罪はない」と物置に隠して難を逃れた。神領小は大南の母校でもある。しかし、そんな事情はこの日まで知らなかった。

「よく見ると、そばに人形のパスポートがあって出身地や名前がわかった。ただ人形を贈るんじゃなくて、アメリカ人特有のユーモアです。それを見たとき、パスポートから贈り主を辿って里帰りさせれば面白いんじゃないかと思い立ったんです」

小さな成功体験を積み重ねる重要さ

大南は早速、人形の出身地のペンシルベニア州ウィルキンスバーグ市の市長に宛てて、パスポートに記してある「アリス・ジョンストン」という名前の人形を贈った人を探してほしい、と手紙を書いた。

半年後に届いた返事で、贈り主は人形と同名の女性とわかった。聾《ろう》学校の教師だったが、すでに亡くなっていた。でも親戚が同市に暮らしていた。

「日本の子どもに人形を贈ってくれたお礼をかねて、里帰りさせてやろう。アメリカとの草の根の国際交流にもなるぞ」

当時、神領小のＰＴＡ会長をしていた佐藤英雄と前会長の岩丸潔、そして仲のよかった森昌槻《まさき》たちに、そう声をかけた。岩丸はそのときのことをよく覚えている。

「大南さんが勢い込んで僕らに話したんよ。それは面白いと盛り上がって、すぐ、やろうということになった」

1991年3月にアリス里帰り推進委員会を立ち上げると、瞬く間に賛同の輪が広がった。神領小の教師やＯＢ、商工会、各集落の代表、それに小中高校生たちも含め、総勢30人の訪問団が結成され、同年8月に「里帰り」が実現した。

渡航先のウィルキンスバーグ市は市をあげて一行を歓迎した。滞在中の宿はホームステイ。心のこもったウェルカムパーティも開いてくれた。地元の新聞は日本の小さな町からの訪問を1面で取り上げ、草の根の国際交流は成功した。

アメリカへの30人の渡航がさほどの出来事だと私は思わない。だが、この草の根交流の成功から神山町が得たものは大きかった。

佐藤は言う。「子どもたちを引率して外国に行って、旅行会社の添乗員も付けず、航空券の手配まで全部、自分たちでやった。達成感もあったし、そう、自信がつきました」。

グリーンバレーを立ち上げた4人。左から佐藤英雄さん、大南信也さん、岩丸潔さん、森昌槻さん

岩丸は振り返る。「自分たちが楽しいと思うことをやりよったら、草の根交流ができた。4、5人寄ったらいろんなことができると思うたな」。

森はこう話す。「成功体験を共有したことで、次にまた何かやろうという機運が生まれた。やってみたら何とかなるんちゃう、という雰囲気ができました」。

今、神山町のＩＴ企業誘致や移住促進を担うグリーンバレーの合言葉は「やったらええんちゃう」だ。この言葉に背中を押されて移住を決める若者も多い。英語の「JUST DO IT!」の阿波弁だが、彼らの話から、四半世紀以上も前の国際交流の成功体験が起点になっていることがわかる。

勢いに乗った大南と仲間たちは１９９２年に、次の活動の足場にと任意団体の「神山町国際交

流協会」を立ち上げる。理事長は大南。そして森、岩丸、佐藤らアメリカに渡った面々がコアメンバーになった。この交流協会が２００４年に誕生するグリーンバレーの前身になるのだ。

とびきりのヨソ者に慣れる

神山町国際交流協会が１９９３年に手がけたのが、外国語指導助手（ＡＬＴ）の研修を神山町で受け入れることだった。ＡＬＴとは、小中高校で日本人教師をサポートする「外国人先生」のことだ。徳島県では2学期から教壇に立つ30～50人の外国人の若者に対し、8月下旬に３泊４日の研修を施していた。その受け入れに神山町国際交流協会が手を挙げたのだ。

田舎の町で外国人といえば、とびきりのヨソ者だ。なぜ、その受け入れに手を挙げたのか。大南はこう言う。

「田舎でほとんど見かけることのない外国人が、４日間だけでも町にあふれたら面白いという発想です。もう一つは、神山の子どもたちに国際交流の機会を提供したかった。だから宿泊は児童・生徒のいる家庭にホームステイしてもらいました」

それから毎年、真夏の４日間、普段はほとんど見かけない外国人が町にあふれた。事情を知らない町民は「今日、神山温泉に行ったら裸の外国人が大勢おったで」と目を丸くした。だが、

「神山ウィークエンド」と呼ばれた、この研修は、ALTからの高い評価も得て2005年まで13年間も続いた。

大南はこう振り返る。「毎年繰り返されると、人間、慣れていくんよな。特別なことじゃなくなってくる。そのうちに英語が話せんでも身ぶり手ぶりで意思疎通しようとするお年寄りが現れたりして、日常になっていきました」。

この13年間にホストファミリーになった家庭はのべ数百軒にのぼる。人口わずか5300人ほどの町にとっては大きな数だ。ALTの受け入れは、ヨソ者に慣れ、オープンで多様性を受け入れる地域へと神山町が変わる大きなステップになったのは間違いない。

世界の芸術家村をつくろう

1997年2月、朝刊を読んでいた大南は、ある記事に目がくぎづけになった。徳島県が発表した新長期計画に盛り込まれたプロジェクトの中に「とくしま国際文化村構想」という事業を見つけたのだ。3行の短い説明がついていた。「都市に近い中山間地域で世界に開かれた多様な交流を推進する」。

「これって神山町そのものじゃないか。国際文化村を神山に呼び込もう。そのために、こっち

からこんなことをやると提案していこうと思いました」

もう1人、国際文化村構想に強い関心を持った男がいた。大南とともにアリス人形の里帰りでアメリカに渡り、国際交流協会のメンバーにもなっていた森昌槻だった。

町内でオートキャンプ場を経営している森は以前、肉牛を肥育していた。子牛の仕入れで全国を回っていたとき、芸術家がアトリエやギャラリーを構えて住みつき、おしゃれな町になっている長野県軽井沢や山梨県清里高原を見て憧れた。

「芸術のことはよくわからないけど、アートには人を感動させ、人を呼び込む力があると漠然と思っていました」

その憧れを思いだした森は、外国人の芸術家も呼び込む「世界の芸術家村を神山につくろう」と交流協会で提案した。

アーティスト・イン・レジデンスを始める

しかし、芸術家村をつくろうにも、大南や森にはその道筋がわからない。大南が知りあいの徳島県の職員に相談すると、こう教えてくれた。

「神山で今、大南さんたちがやろうとしている話に一番ぴったりくるのは、アーティスト・イ

ン・レジデンスというプログラムじゃないでしょうか」

アーティスト・イン・レジデンス？　初めて耳にする言葉だった。職員はこう説明した。

「アーティストを招聘《しょうへい》し、一定期間、地域に滞在し、交流しながら作品を制作してもらうプログラムです」

これだ！　大南は交流協会でアーティスト・イン・レジデンスを提案し、取り組むことが決まった。とはいえ、渡航費や滞在費を賄う資金もなければ、町にはアトリエもない。メンバーたちは奔走し、町と県から補助金を引きだし、自分たちの寄付も含め、なんとか440万円を集めた。アトリエは小学校の空き教室を使い、宿は言いだしっぺの森が経営するオートキャンプ場のキャビンを提供することが決まった。

そして1999年秋、「神山アーティスト・イン・レジデンス」（KAIR）がスタートする。1年目はイギリス・日本・フランスから1人ずつ計3人が9月上旬から11月上旬まで神山町に滞在し、作品を制作した。

求める価値は、結果でなくプロセス

ところが早くも2年目に問題が持ち上がる。選考を担ってくれていた美術の専門家が、運営方

元保育所の下分アトリエで作品を制作する、オランダから招聘されたマライン・ファン・クレイさん（2016年）

針をめぐる意見の対立から離れていったのだ。

応募者選考で、4人の公募があったにもかかわらず、その専門家が3人全員を自分が推薦する、国際的にも評価の高いアーティストで埋めようとしたのが事の発端だった。「力を持ったアーティストが質の高い作品を残すことでこそ、レジデンスの価値が高まります」と専門家は主張した。

現在、アーティスト・イン・レジデンスは全国60カ所以上で取り組まれている。自治体主導が多く、税金を使う以上、一線級のアーティストを招き、いい作品を制作してもらって客を呼び込むことが主眼になりがちだ。専門家の主張は正論だった。

しかし、大南たちが求める価値は、いい作品を残すという「結果」ではなかった。名も

ない若いアーティストで構わない。神山の住民が作品づくりに関わり、交流できることを求め、価値は「プロセス」にあると考えたのだ。

どちらが正しくて、どちらが間違っているという話ではない。アーティスト・イン・レジデンスをめぐる本質的な考え方の違いから専門家を失った大南たちは開き直った。地域の住民がこんな作品を見てみたいとシンプルに思ったものを応募作から選ぶことにした。ジャンルの絞り込みもできないから何でも受け入れた。

ところが、その自由さが海外のアーティストを引きつけたのだから面白い。絵画、彫刻、写真、ビデオ作品からインスタレーション（空間芸術）、踊りなどのパフォーマンスまで。ジャンルを絞り込まない神山アーティスト・イン・レジデンスには、さまざまな才能が国内外から集まってきた。2年目に4人だった応募者は年々増え、17回目の2015年は163人まで増えた。うち141人は国外からの応募だ。

大南は言う。「仕方なくやったことです。でもかえって間口が広がり、応募者が増えました」。

「ない」ことを前提に考える

この時期、大南が「仕方なくやった」ことがもう一つある。レジデンスが始まって2年目、募

集要項に次の一文を加えたのだ。

「あなたが十分な施設を求めているのであれば、神山はあなたの目指す場所ではありません。あなたが豊富な資金を求めているのであれば、神山はあなたの目指す場所ではありません。ただ、あなたが日本の田舎町で、心温かい人々に囲まれて、言い換えれば、人間本位のプログラムを探しているのであれば、神山こそあなたの目指すべき場所です」

背景に財政事情がある。全国には豪華な施設で迎え入れるアーティスト・イン・レジデンスもある。だが、神山の場合、アトリエは小学校の空き教室や元保育所の建物、アーティストの宿舎は元教員住宅の空き家だ。資金にしても、渡航費や制作に必要な材料費、約2カ月の生活費込みで1人70万円ほど。ほかと比べても潤沢とは言いがたい額だ。

だから、アーティストからは施設や待遇へのクレームも出た。引け目を感じて謝るのが普通の対応かもしれない。しかし、大南はそうしなかった。

「豪華な施設に価値を感じる人に無理して来てもらっても、結局はうまくいかない。背伸びしないで実情を伝え、マイナス要素だと思わない人に来てもらえばいいじゃないかと考えました」

ないないづくしのなかで辿りついた「逆転の発想」だったが、大南が書いた呼びかけ文は自然志向の若いアーティストたちの心をつかんだ。特に海外アーティストの中には、豪華な施設や厚待遇よりも、日本の田舎で素朴な住民たちと交流しながら作品を制作したいと考える人が思いの

ほか多かったのだ。

アーティストという異物をのみ込む

実際、神山町のアーティスト・イン・レジデンスでは、アーティストの選考から作品づくりのサポートまで運営のすべてを住民が担っている。

アーティストを迎え入れる際、グリーンバレーは事前に、日常生活の相談に乗る「お母さん役」と、作品づくりをサポートする「お父さん役」を決める。コアメンバーは15人ほどだが、自分たちだけで対応できなければ、知りあいの住民にも協力を求める。

大がかりな野外作品をつくる際は、10人を超す住民が制作に協力する。たとえば、2012年に出月秀明が制作した「隠された図書館」もその一つだ。町の中心部にある大粟山《おおあわ》の中腹に小さな図書館をつくった。小さいとはいえ、基礎工事も必要だった。重機を動かせる住民が協力して作品は完成した。

制作の過程で町の人を自然に巻き込む作品もある。2010年に招かれた廣田緑の「神山八十八人巡り」という作品では88人のお年寄りが自らの戦争体験を語った。2013年にオランダから招かれた、あべさやかの作品も変わっている。神山特産の梅干しを持ち歩き、会う人に頼

大粟山に設置された、出月秀明さんの作品「隠された図書館」(2012年)。
住民が人生で3回、卒業、結婚、退職等の人生の節目に図書を寄贈する。
本を寄贈することにより記憶を共有もしくは思い出す追憶の場所

んで口に入れてもらい、その瞬間をカメラに収めたのだ。60人もの住民の本人が意図しない表情が「うめぼしポートレート2013」という作品になった。

1999年に始まったレジデンスは2017年までに21カ国68人を迎え入れている。神山に招かれたアーティストたちは、地域の小中学校で授業もする。アーティストという、とびきりの「異物」をのみ込みながら、神山町はさらにヨソ者にオープンな町へと進化していったのだ。

ちなみにレジデンスの主体だった神山町国際交流協会は2004年12月、NPO法人グリーンバレーにそのまま移行した。

アーティスト支援から、移住者支援へ

意外に思われるかもしれないが、神山町はもともと移住やIターンとはほぼ無縁の町だった。変わり始めたのは2002年以降だ。アーティスト・イン・レジデンスに招いたアーティストが移住するようになったのだ。

レジデンスのもとになる世界の芸術家村を提案した森昌槻は言う。「もともとレジデンスは移住者を増やすのが目的で始めたわけではないので、住みたいという人が出てきたときは驚きました。でも、空き家を借りるにも所有者と交渉するのは、地元の僕らがしないといかんので、徐々に移住者受け入れのノウハウが蓄積していきました」。

タイミングとは不思議なものだ。ちょうどグリーンバレーが移住者受け入れのノウハウを蓄積したころ、徳島県が移住交流支援センター事業を立ち上げたのだ。

2007年から一斉に定年退職が始まる団塊の世代の移住を徳島県に呼び込もうと、市町村に移住交流支援センターの設置を呼びかけた。初年度の2007年に神山町を含む5市町がセンターを設置した。そして神山町は、移住交流支援センター業務を、移住者受け入れの実績があるグリーンバレーに委託したのだ。

移住者を「逆指名」する逆転の発想

移住者支援に乗りだしたグリーンバレーは、町には仕事がないから、手に職を持って起業してくれる移住者に来てもらうという奇策に出た。手に職を持っている人を「逆指名」するという「逆転の発想」だった。

そもそも全国の過疎や人口減少に直面する自治体の悩みは、突き詰めれば仕事がないことだ。都会から移住者を呼び込もうにも働く場がない。だから過疎地の移住者支援は、もっぱら農林漁業を始めたい「奇特な」若者の呼び込みが中心になる。だが、そんな若者の数は限られているから小さなパイの奪いあいになり、自治体の手厚い支援競争が起きている。悲しいけれど、日本の地方の現実だ。

ところが神山は違った。仕事がないのなら、手に職を持つ人に起業してもらえばいいと考えたのだ。誰がそんなことを考えついたのだろう。

大南に聞くと、西村佳哲《よしあき》だと教えてくれた。

アーティスト・イン・レジデンスが始まって8年目の2007年、グリーンバレーは自分たちの活動を紹介するウェブサイトをつくろうとしていた。「アートの町」の情報発信を強化しよう

と考えたのだ。国の補助金も受けて2007年度中の運用開始を目指したが、夏になってもサイトづくりは進まなかった。切羽詰まった大南は、知りあいの四国経済産業局の職員に「アートとウェブ制作の両方がわかる人を紹介してもらえないか」と頼んだ。

紹介された3人の中に西村がいた。ウェブデザインや企画なども手がける「リビングワールド」という会社を東京で経営する傍ら、美術大学の非常勤講師として教壇に立ち、「働き方研究家」の肩書で著作も多数ある。そんな西村を見込んだ大南は早速、東京に飛んで西村に会い、サイトづくりを持ちかけた。

しかし、東京生まれの東京育ち、過疎の町に関わったことがなかった西村は自分に何ができるか不安だった。だから「2泊3日で神山を訪ねる機会をください。そのうえで仕事を受けるか決めさせてもらえるなら」と条件を出した。

ハードルを上げて移住者は来るのか

2007年9月、神山町にやって来た西村は、グリーンバレーのメンバーからヒアリングをした。どんな活動をしてきて、どんなウェブサイトをつくりたいのか。

西村が面白いと思ったのは、アーティスト・イン・レジデンスの運営の仕方だった。先述した

ように、招聘する芸術家を応募する段階で、豊富な資金や十分な施設がないことをあらかじめ知らせたうえで、「人間本位のプログラム」を探している人は来てくださいと呼びかけ、専門家に頼らず、住民自らアーティストを選んでいた。

「千客万来型でなく、マイナスと思われることも知らせて、来る人を地域の住民が選ぶ。極めて健全なアプローチだと思いました」

逆転の発想でワーク・イン・レジデンスを考案した西村佳哲さん

ヒアリングでは「移住者がほしい。でも仕事がない」という嘆きも聞いた。西村はその晩、一気にサイトのプランを書き上げた。本筋の「アートの町」の情報発信とともに盛り込んだのが「ワーク・イン・レジデンス」という考え方だった。

翌日、西村はグリーンバレーのメンバーを前にプレゼンテーションをした。大南は西村の発言をこう記憶している。

「アーティスト・イン・レジデンスはプロのアーティストが自分の仕事であるアートを神山に住みながらやるわけですよね。地域に

雇用がない、仕事がないと言われますけど、仕事を持つ人に移住してもらえば、この問題って解決しませんか？」

西村はこう続けた。

「将来、自分たちの町に必要になる職種の人を募集して、応募してくれる人の中から自分たちと相性の合う人を選べばいいんじゃないでしょうか」

地域が移住者を「逆指名」する発想だった。西村はその考えに「アーティスト・イン・レジデンス」になぞらえて「ワーク・イン・レジデンス」と名づけた。

でも、移住者を呼び込むには「武器」がいる。そこで西村は、空き家になっている古民家の物件情報をウェブサイトに掲載したらどうか、と提案した。田舎で暮らすなら古民家に住んでみたいと思っている都会の若者が多いことに目をつけたのだ。

西村のプレゼンに大南は共感した。

「結婚するとき、相手も知らずに先着順や抽選で決めますか？　移住もそれと同じで、地域が納得する人を見定めて選ぶのは当然だと思いました。それまでにも地域の住民とうまくいかずに出て行った移住者もいた。移住者にとっても地域の住民にとってもミスマッチは避けた方がいい」

しかし大南は、移住者が本当に来るか、不安でもあった。山奥の田舎町に移住を希望する人がどれだけいるのかもわからないのに、希望者の中から手に職を持つ人を選ぶなんて現実的なのか、

と思ったのだ。

だが、西村は違った。都会の若者をよく知る西村にとって、手に職があっても、どこに移住すればいいか迷っている層がいるのは自明だった。「必ず来る人はいる」という西村の読みはやがて現実になっていく。

民間だからできた移住者の「逆指名」

もう一つ、大南には心配があった。手に職がある希望者を優先するということは、「こちらが求める人でなければ後回しにする」ということでもある。役所は「公平・平等」が原則だ。町から委託を受ける移住交流支援センターの業務として許されることなのか。

大南は支援センターの設置を市町村に促した徳島県の顧問弁護士に打診した。「過疎や少子化、地域経済の衰退など地域課題を克服するために必要な対応です」と訴え、「地域の判断ですから、問題はありません」という回答を引きだした。

しかし、そもそも民間主導でなければ、この奇策は検討すらされなかったのではないか。ほかの自治体のように役所が支援センターの業務を担っていたとしたら、移住者の選別につながるワーク・イン・レジデンスは果たして実現しただろうか。

神山町長の後藤正和の返事は明快だった。

「その通りです。行政では絶対にありえません。公平・平等を旨とする役場が、移住を希望する方を区別するわけにいきません。だから先着順や抽選しか道はない。柔軟な発想を持つ民間だからできた判断です」

神山の空気が人を呼ぶサイト「イン神山」

2008年6月。グリーンバレーのウェブサイト「イン神山」が公開されると、神山町への移住を希望する若者たちから問い合わせが相次いだ。その理由の一つに、周到に考え抜かれた「イン神山」のコンテンツがある。立ち上げ当時のコンテンツを紹介する。

まず「神山でアート」は1999年から国内外の芸術家を招き入れている「アーティスト・イン・レジデンス」を紹介し、ヨソ者に開かれたアートの町を印象づける。

神山で暮らす人たちが自由に寄せるコラムのページである「神山日記帳」は、読んだ人が「こんな人たちが暮らしている町なのか」と具体的なイメージを膨らますことができる。

さらに空き家になっている古民家について、どんな古民家があって、どの程度の賃料で借りられるかといった情報を「神山で暮らす」に掲載して、神山町への移住を具体的に考えるられるよ

立ち上げ当時の「イン神山」

うな自然な流れをつくりだしている。

この流れを考えた西村はこう話す。「僕が何より面白いと思ったのは、神山で出会った人たち。だから人に焦点を当てようと思いました」。

日本人なのに、なぜか「ニコライさん」と呼ばれている不思議なおじさん。しゃべりだしたら止まらない世話好きなおばさん……。

「この人たちがいる町で暮らしたいと思わせる魅力的な人にたくさん会って、日記帳のコンテンツが生まれた。あとは移住者が知りたい情報を盛り込んだわけです」

西村自身が、都会で暮らし、手に職を持ち、移住先を探している1人だった。その当事者性がサイトを魅力的なものにしたのは明らかだ。

サイト公開後に問いあわせてきた移住希望者の中にはパン屋やシステムエンジニアなど

手に職を持つ人たちが交じっていた。不安だった大南も「これなら、やれるかもしれん」と思い始めた。実際そうなるのだが、その話は3章で書きたい。

「創造的過疎」──人口が減っても豊かな未来をつくる

もう一つ、この章で書いておきたいことがある。グリーンバレーが移住促進に乗りだすとき、大南が考えだした「創造的過疎」という言葉についてだ。

どんな意味なのか。2014年8月27日、首相官邸で開かれた「まち・ひと・しごと創生に関する有識者懇談会」に出席した大南は、首相の安倍晋三にこう説明している。

「7年ほど前に、『創造的過疎』という言葉をつくりました。日本全体の人口が減少するなかで、過疎地において人口減少はどうしても避けがたい。それを受け入れて、数ではなくて内容的なものを変えていった方がいいのではないかという考え方です。都市部から若い人材を誘致することによって人口構成を変えていったり、多様な働き方を実現することによって、農林業だけに頼らないバランスのとれた持続可能な地域をつくろうという考え方です」

つまり、人口減少には抗いようがない。しかし、移住によって人口構成を変えることで持続可能で豊かな地域はつくれると言っているのだ。この考え方に基づいて、グリーンバレーは15歳未

満の子どもが2人いる4人世帯を5組、計20人を毎年受け入れるという目標を掲げた。大南は言う。

「いくら移住促進をやっても、人口減少を増加に転じさせるのは無理だというのはわかっていました。それなら人口減少が進んで、住民が一番困ることは何だろうと考えてみたんです。頭に浮かんだのは、児童数が減って地域の小学校がなくなることでした。それなら小学校を存続させるために、どれくらいの移住者を受け入れればいいのか具体的な人数をはじいてみようと、知りあいの徳島大学の准教授に頼んでシミュレーションしてもらった数字です」

計20人を毎年受け入れれば、町に二つある小学校が2035年時点で1学年20人の児童数を維持でき、複式学級にならずに存続できる。最悪の状況を想定して、そうならないよう移住者受け入れの目標を逆算したのだ。

2007年当時、移住者の受け入れ目標人数まで算出する市町村はほとんどなかった。考えてみればおかしな話だが、大南はそれをやった。やみくもに移住促進をするのでなく、データに裏づけられた目標を掲げる。大南の先見性に驚くほかない。

四半世紀、続けてこられた理由

グリーンバレーの軌跡を辿ると、ヨソ者にオープンで多様性を受け入れる田舎町は一朝一夕に

生まれたのではなかったことがわかる。しかし、グリーンバレーのコアメンバーたちは地域を変えようなどと大それたことを考えていたわけではない。

岩丸は言う。「僕らは楽しいからやってきた。もうちょっと面白い町をみんなでつくろうとしてきただけ。好きなことをしよったら、いろんな人が町に出入りするようになって、少しは雰囲気が変わったかなという感じやね」。

大南もこう話す。「しかめつらしとったら、人は寄ってこない。でも何か楽しそうなことをしとると思うたら、自然と人は集まってくるんよ」。

しかし、いい歳《とし》の大人が集まって、楽しいからと四半世紀以上も好きなことを続けること自体が、稀有《けう》なことではないだろうか。

大南は言う。「初めから『こんな町にしよう』という目標があったんじゃない。『結果として』という言葉が一番しっくりくるんよ」。

好奇心旺盛な大人たちのポジティブな企みが四半世紀を経て、ヨソ者にオープンで、多様性を受け入れる田舎町をつくり、人々を引き寄せている。

2章　ＩＴ企業が実験する創造的な働き方

神山町を語るとき、「最先端の過疎地」という表現が使われる。ＩＴ関連のベンチャー企業が次々とサテライトオフィスを構えたり、本社を置いたりしているからだ。

移住者が多いだけの町ならいくつもある。だがＩＴ企業が列をなす町というのは全国でも極めて稀だ。神山が全国から注目される理由が、ここにある。

なぜ過疎の町が最先端ビジネスの拠点に生まれ変わったのか。なぜほかの業種でなくてＩＴ企業なのか。そもそも企業にとって過疎の町に進出するメリットとは何なのだろう。

働き方の革新をミッションに掲げるＩＴ企業

神山町に第一号のサテライトオフィスができたのは２０１０年10月。オフィスを開いたのは東京・渋谷に本社を置く「Ｓａｎｓａｎ（サンサン）」という名前のＩＴベンチャーだ。

同社が提供するのはクラウド名刺管理サービス。ビジネスで相手先と交わす名刺の情報をデータベース化し、社内で共有することによって、新たな営業活動や顧客管理に活用し、営業力を強化するサービスを提供するのだ。具体的には名刺をスキャンし、その情報をＳａｎｓａｎのオペレーターが入力する。その情報はクラウド上のデータベースに蓄積され、契約した企業のサーバーに送られる。そうすると社内の誰が、営業先の企業の誰とつながっているかが瞬時にわかる

神山町にサテライトオフィスを開設した企業 （2018年8月1日時点）

	会社名	本社	開設時期	サテライトオフィスでの業務内容
1	Sansan株式会社	東京都渋谷区	2010年10月	名刺管理クラウドサービスの企画・開発・マーケティング
2	株式会社ダンクソフト	東京都中央区	2012年3月	新規事業開発（Kinect、iBeacon、kintone）
3	ブリッジデザイン	（千葉県いすみ市より）徳島県神山町	2012年3月	企画からデザイン、コーディングから運用までウェブサイトの業務全般。デジタルコンテンツ全般の制作
4	株式会社ソノリテ	東京都江東区	2012年5月	NPO向け業務支援（電話応対、入力代行、発送業務など）
5	キネトスコープ社	大阪市北区	2012年10月	ウェブサービス開発・提供の拠点とする。また、関西を中心としたクリエイターやアーティストの滞在と、作品発表の場やサロンとしても機能できる場所づくりを計画
6	ドローイングアンドマニュアル株式会社	東京都世田谷区	2013年7月	デザインコンサルティング（ブランドデザイン、各種グラフィックデザイン、試作）
7	株式会社プラットイーズ	東京都渋谷区	2013年7月	メタデータ（番組詳細情報）に関する各種オペレーション。特におすすめ番組情報の編集・作成、番組情報システム、アプリの開発
8	株式会社えんがわ	徳島県神山町	2013年7月	４Ｋ８Ｋ映像素材の制作、編集、配信。４Ｋ８Ｋ映像素材のアーカイブ代行サービス、素材変換サービス、番組詳細情報の作成・編集・配信
9	有限会社リビングワールド	東京都杉並区	2014年8月	デザインおよびデザインプランニング、オリジナル商品の開発、研修・ワークショップ等のイベント企画実施、記事・書籍等の執筆・編集・制作、その他
10	特許業務法人 JAZY国際特許事務所	東京都港区	2015年2月	知的財産コンサルティング、商標登録・意匠登録・実用新案登録の出願代理、商標登録専門サイトの運営
11	株式会社パイロット	東京都渋谷区	2016年5月	インターネットメディア、ウェブ制作、システム開発、パッケージソフト販売、データセンター
12	TERADA 3D WORKS	東京都目黒区	2016年9月	自動車の3Dモデリング事業、プロダクト全般の3Dモデリング事業　等
13	MORIG CHOWDER ※ AUN CREATIVE FIRMより名称変更	（大阪府茨木市より）徳島県神山町	2016年9月	ロゴマーク・商品パッケージ等のデザイン・コンセプトメイキング、冊子・雑誌等のデザイン・撮影・編集・執筆　等
14	有限会社フィッシュグローヴ	東京都港区	2016年9月	スマホアプリ開発、PC・モバイルサイト制作　等
15	株式会社モノサス	東京都渋谷区	2016年11月	ウェブコンサルティング事業、マーケティングコンサルティング事業　等
16	株式会社代官山ワークス	東京都渋谷区	2017年5月	食や農業に関するイベント企画・運営、神山町内の高齢者向け配食等サポートサービスの提供

しくみを構築したのだ。

そうしたクラウド名刺管理の分野でＳａｎｓａｎは業界シェアの約8割を誇る。顧客は法人で５５００社、個人ユーザーで１００万人を超えている（いずれも２０１７年1月実績）。創業は２００７年。大手商社の三井物産を辞めた社長の寺田親弘《ちかひろ》が仲間4人で立ち上げ、今は約３００人の社員を抱えている。

そんな会社が、東京から５００キロ以上も離れた四国の田舎町になぜ、サテライトオフィスを開いたのか。２０１６年春、私は社長の寺田に会うために本社を訪ねた。

シリコンバレーで見た働き方に衝撃

ノーネクタイで白いシャツにコットンパンツ姿。ベンチャー企業の社長を絵に描いたような出で立ちで現れた寺田は、自社のサービスについて説明した後、会社のミッションについて話し始めた。

「僕たちはクラウド名刺管理という、それまで存在しなかった新たなマーケットを開拓してきました。たとえばコピー機はどこのオフィスにもありますよね。それと同じで、5年後、10年後にクラウド名刺管理をしない企業が不思議がられるようにしたい。新たな当たり前をつくりたい

と思っています。

でも、僕たちは便利な名刺管理ツールをつくりたいわけじゃないんです。ビジネスの出会いを資産に変え、テクノロジーの力でビジネスから無駄を排除し、人が本来やるべき仕事、その人でなければできない仕事に集中してもらいたい。僕たちのミッションは、働き方を革新することにあります」

神山に最初にサテライトオフィスを開いたSansanの社長、寺田親弘さん

だが、そのミッションが神山町にサテライトオフィスを開いたことと、どう関係しているのだろう。

「そもそも神山にサテライトオフィスを置こうと考えた原点は、シリコンバレーで見た働き方にあります」

寺田は三井物産時代、2001年から2年間をアメリカのシリコンバレーに駐在している。そのときに見たIT企業の社員たちの働き方に衝撃を受けた。

「シリコンバレーは田舎なので車でちょっ

と走れば緑があって、とにかく広い。それにオフィスも広くて、社員はオフィスの近くに住んでいるので通勤時間もかからない。そのせいか結構ハードワークしていても、どこか優雅に見える。自然豊かな環境の中で、エンジニアたちが創造的な仕事をして新たなサービスを次々と生みだしていく。理想的な環境だと思いました」

もう一つ、寺田が驚いたのは、遠隔地で働く「テレワーク」（リモートワークともいう）が定着していたことだ。

「そもそもアメリカは国土が広くて、日本みたいに東京だけに本社が集中していないので、気軽に商談にも行けない。だからビジネスは電話会議が普通です。営業もリモートでやるのが当たり前で、僕がアポをとって行こうとすると、『なんで来るの？』『電話で説明できるよ』と言われるくらい場所を問わない働き方が浸透していました」

翻って日本はどうだ、と寺田は考えた。長い通勤時間をかけて満員電車で狭いオフィスに通い、パソコンに向かって長時間勤務をして疲れ果てている。すでに将来の起業を決めていた寺田は「日本でも同じような働き方ができないか」と考えた。テレワークで自然豊かな田舎で創造的で生産的な仕事をしてもらう。いつか自分もそんな環境をつくりたいと決めたのだ。

その思いは、2007年に会社を立ち上げてからもずっと胸にあった。しかし、創業から3年がたっても形にすることができず、忸怩《じくじ》たる思いを抱えていた。「外に向けて『働き方を革新し

ませんか』と言っているのに、自分の会社がこれでいいのか。いつもそう思っていました」。

高校、大学と一緒だった友人の建築家、須磨一清《いっせい》から「面白い町」の話を聞いたのはそんなときだ。

「今、古民家再生のプロジェクトに関わっているんだけど、面白い町なんだ。アーティスト・イン・レジデンスをやっていて町には外国人がたくさんいて、光ファイバー網が町中に張り巡らされているんだ」

それが、神山町だった。

引き込まれるように須磨の話を聞きながら、寺田は考えた。光ファイバー網があれば田舎でもテレワークができる。それに、須磨が「面白い」という町なら「新しい働き方」を実現する場所にいいかもしれない。寺田は翌週、神山町に行くという須磨に同行した。2010年9月のことだ。

地域貢献なんて考えなくていい

当時、グリーンバレーは移住者支援に乗りだして3年目。大南たちはその一環で「オフィスイン神山」という事業を進めていた。商店街にある空き家になった古民家を改修し、手に職を持つ移住者を呼び込もうと、古民家の改修を若い建築家たちに任せた(詳細は後述)。その1人が須磨だった。

須磨と一緒に神山町を訪れた寺田は、早速、グリーンバレーの大南に引きあわされ、「田舎にこんな人がいるのか」と驚いた。

自分が商社マンとして駐在したシリコンバレーに大南も留学していたこと、そしてグリーンバレーがアーティスト・イン・レジデンスなどさまざまな活動を展開していることを聞いた。「日本の田舎をステキに変える！」というミッションを掲げていることにも、遊び心と面白さを感じた。光ファイバー網が整備されていれば、ITの仕事に支障はない。古民家が数万円で借りられると聞いた。知らない田舎に入っていく導きは、グリーンバレーにお願いできそうだ。

そう思った寺田は「この町で新しい働き方を実験してみたいんです」と大南に訴え、「住民の方にパソコンのサポートくらいならできると思います」と付け加えた。

相手はNPOの理事長だ。NPO＝社会貢献という頭が寺田にはあった。それくらい言わないと、受け入れてもらえないと思ったのだ。

ところが、大南からは予想外の言葉が返ってきた。

「地域貢献なんて全然考えてもらわないでいい。そんなことより、この町で御社の仕事が東京と変わらず成り立つことを証明してもらう方がいい。田舎でも都会と同じように働けるという可能性を開いてもらったら、後に続く企業が出てくるかもしれません」

その大南の願いは後に現実になっていく。

より創造的に生産的に仕事をする

2010年10月、Sansanは、グリーンバレーから紹介された築70年の古民家にサテライトオフィス「神山ラボ」をオープンさせた（14頁上写真）。古民家には母屋のほかに離れ、元牛小屋があり、畑も付いていた。当初は、集中したい仕事を抱えた社員が東京の本社から来てスポットで滞在したり、チームで合宿したりする訪問滞在型オフィスだった。それが2013年からは常駐型オフィスとしても利用されるようになる。きっかけをつくったのは今も常駐する社員、團《だん》洋一だった。

神山に移るまで、團は東京のSansan本社でシステムエンジニアをしていた。しかし、徳島市出身で就職するまで地方都市で育った團にとって東京の満員電車は苦痛以外の何物でもなかった。ストレスから身体が不調を訴え、意を決して社長の寺田に「辞めたい」と申しでた。そのときのことを寺田はよく覚えている。

「理由を聞くと、『田舎で暮らしたい、東京はもう嫌だ』って言うんですね。團は優秀なエンジニアなので、とにかく引き留めようと思って『じゃあ、神山に引っ越して、あっちで仕事すればいいじゃないか』と言ったんです。すると『そんなのありですか』って。『ありだよ』って答えました」

Sansanのサテライトオフィス、神山ラボ。右の建物は牛小屋、奥の建物は納屋を改修した

結局、團は転職を思いとどまり、２０１３年11月に妻と神山に移り住み、神山ラボの常駐社員になった。

「こっちに来て子どもも生まれました。毎朝、一緒に家の近所を散歩するのが日課です。通勤は自転車です。あんなに悩まされた体調もすっかり治って、ひどかった肩こりもなくなりました。妻も近所の人に教わって裏の畑で野菜をつくって、ここでの生活を楽しんでいます」

徳島で採用されたエンジニアの辰濱《たつはま》健一も加わって、常駐社員は2人になった。早春、私は辰濱に神山ラボを案内してもらった。

「本社とオンラインでつながっているので、互いの映像を常時モニターで見ることができて打ちあわせも何ら支障ありません」

オフィスの液晶画面には、渋谷の本社オフィ

スの様子が映しだされ、テレワークを支える環境が整えてあった。ふと足を止めると、元牛小屋だった建物の軒先にハンモックが吊るされていた。

「暖かくなると、これに揺られてキーボードを叩く社員もいます」

ウグイスの鳴く声が聞こえてきた。目に入ってくるのは山の緑。そんな神山ラボには「リフレッシュして仕事に集中したい」と、本社で働く社員が足しげくやって来る。この日も岩下弘法《ひろのり》が1カ月半の予定で滞在していた。

東京から神山に移住したSansanの社員、園洋一さん

岩下は、システム開発のリーダーで4人の部下がいるが、年に2、3回、のべ4カ月近くは本社を離れて神山で働く。

「頭を使う仕事なので、いかに集中できるかが勝負。ここだと疲れて散歩しても田園風景に心が洗われる。そんなときにいいプログラミングを思いつくんです」

十数年前、シリコンバレーで寺田は、自然豊かな場所でストレスから解放されてクリエイティブな仕事をするＩＴ企業の社員たちを

見て、「いつか日本でも」と願った。その新しい働き方が目の前に広がっていた。

偶然を引き込む力

ＩＴ企業のサテライトオフィスの進出で注目されている神山町だが、きっかけは偶然だったのだ。大南は、サテライトオフィスという言葉さえ知らなかったし、ＩＴベンチャーがこんな田舎にやって来るとは思いもしなかった。だから、大南はことあるごとに「Ｓａｎｓａｎが来てくれたのが端緒だった。ありがたい」と話す。

しかし、それを聞くたび、寺田は面《おも》はゆい気持ちがする。

「大南さんがそう言ってくれるのは嬉しいですよ。でも、アーティスト・イン・レジデンスなどの活動を通じて神山にはヨソ者が入ってきやすい環境が整っていたし、何よりグリーンバレーが地域との仲介役を果たしてくれる。そういうポテンシャルが神山にはあった。仮にうちが来ていなかったとしても、結局、どこかが進出していたと思います。だから偶然のように見えて、今の神山があるのは必然だと思います」

偶然に見えて必然。それは偶然を引き込むだけの力が地域にあったということだろう。寺田はこうも話した。

「大南さんたちと話してふと思うことがあるんですよ。『この人たち、20年以上もこんなことやっているのか。すごいな』って。彼らが活動してきたから、今がある。10年、20年とやっていれば地域は変わる。それって希望ですよね」

まちづくりの世界で、「地域を耕す」という言葉がよく使われる。グリーンバレーが四半世紀をかけて耕した土壌に、ＩＴベンチャーという種が根づき、サテライトオフィスという花が咲いたのだ。

ＩＴ企業が地方に進出する理由

Ｓａｎｓａｎの神山ラボの開設から5カ月後の２０１１年3月11日、東日本大震災が起きた。未曽有の大震災とその後の原発事故によって、いざというときのバックアップ機能を持つ拠点を地方に設ける必要性が浸透し、企業の地方進出を加速させた。神山町も新たなサテライトオフィスを迎え入れることになる。

２０１２年3月に神山町にサテライトオフィスを開いたＩＴ企業「ダンクソフト」（本社・東京）もそうした企業の一つだ。サテライトオフィスの立地先を探していた社長の星野晃一郎が、光ファイバー網が整備された徳島県の話を耳にし、現地調査を重ねた末に神山町に進出したのだ。

だが、ダンクソフトがサテライトオフィスを開いた理由は、大震災があったからだけではない。

ワーク・ライフ・バランスの充実をめざす
ダンクソフトの社長、星野晃一郎さん

ワーク・ライフ・バランスに合った働き方を社員に選んでもらい、地方にいる優秀な人材を採るためでもある。

同社は今、神山町のほか、北海道別海町、宇都宮市、徳島市、高知市にもサテライトオフィスを設け、在宅勤務も積極的に認めている。星野は言う。

「ＩＴ企業がひしめく東京では、優秀なエンジニアは人手不足で取りあいになる。うちくらいの規模の会社が優秀な人材を採るのは本当に苦労します。でも地方には優秀な人材がいる。その受け皿をつくる意味もあります」

なぜ、ＩＴ企業は地方へ向かうのか。星野や寺田の話を聞いて、その理由が少しわかった気がした。もともとネットの世界の住人は場所を問わない働き方が可能だ。自然豊かな田舎で創造的で生産的に働いてもらうことが目的の寺田のような経営者もいれば、社員のワーク・ライフ・バランスに合った環境づくりをめざす星野のような経営者もいる。それは社員のためになるだけでなく、企業にとって地方の優秀な人材を採用できるメリットにもなるのだ。

しかし、ネット社会になって都会のオフィスに縛られる必要が薄れているのはＩＴ業界に限ら

ない。人材不足もＩＴ業界だけの話ではない。今後、サテライトオフィスという働き方が広がるのは間違いない。

神山町を全国に知らしめた「奇跡のショット」

Ｓａｎｓａｎに続いて、ダンクソフトのサテライトオフィスが神山町にオープンした。しかし、四国の過疎の町に起きた「異変」を知る人はまだ少なかった。神山町の名を一気に全国に知らしめたのは１本のテレビニュースだった。

２０１１年12月8日、ＮＨＫの「ニュースウォッチ９」が流した8分間の特集「ＩＴ企業が過疎地へ向かう　その理由とは」がそれだ。冒頭で流れた映像は、神山町に進出したＩＴ企業の経営者や移住者から「奇跡のショット」と呼ばれている。こんな映像だった。

真夏に川のせせらぎに足をひたしながら、ダンクソフトの若い社員２人が膝に載せたノートパソコンを使って、遠く離れた東京にいる同僚とテレビ会議をしている。いかにも涼しげで楽しそうだ。背景に山の緑が鮮やかに映りこんでいる。

「ＩＴ企業」と「過疎地」という意外性のある取りあわせ、さらには遠隔地で仕事をするテレワークという新たな働き方を、映像は見事に切りとっていた。その舞台が神山町だった。実は、私が神

鮎喰川に足をひたしながらパソコンに向かう、ダンクソフトの社員

山町の存在を知ったのも、このニュースだった。川辺でパソコンに向かう「奇跡のショット」が脳裏に焼きついている。

放送後、番組の中で紹介されたグリーンバレーには問い合わせが殺到した。その中に神山に新たな可能性を開いたキーパーソンの1人、隅田徹《すみたてつ》もいた。

出入り自由、緩さにほれた

当時、番組情報の編集・配信会社「プラットイーズ」（本社・東京）の取締役会長、隅田は災害などいざというときに備えて本社機能を分散するオフィスの立地先を探していた。全国20カ所に足を運んだが、なかなかピンとくる場所と出会えなかった。

見かねた元の上司が「IT企業が相次いで進出している地方の町のことをニュースで見た。行ってみたらどうだ」と声をかけてくれた。それが神山町だった。

放送から4カ月後の2012年4月、神山を訪ねた隅田は驚いた。NPOのグリーンバレーが企業誘致を担っていたからだ。「民間主導で物事が動くって健全ですよね。その応援団の一つが町という関係性もいい。サテライトオフィスの立地先を探して全国の自治体を訪ねましたけど、そんな町はほかになかったのでガツンときました」。

大南の案内で、すでに神山に進出していたIT企業のサテライトオフィスや移住者を訪ねて回った。「会う人会う人が個性的で、下手すると東京より刺激的。こんな田舎があるんだとびっくりしました」。

東京から神山に移住し、地元雇用も始めたプラットイーズの会長、隅田徹さん

そう話す隅田だが、神山に決めた一番の理由は「緩さ」だったと言う。

「『うちの町に来てくれ』と言われないのも新鮮でしたし、どこの田舎でも移住者に対して『定住するよな』という無言の圧力がありますよね。でも神山には出入り自由の雰囲気があって、その圧力がないんですよ。自分の考えを押しつけないし、人との距離感が柔ら

かい。その緩さ加減が最高だと思いました」

隅田が言った「定住するよな」という無言の圧力を感じて、移住を尻込みするというのはよく聞く話だ。しかし、神山は違うと隅田は言う。その「緩さ」はどこからくるのか。

「グリーンバレーの面々と知りあってわかったのは、この人たちは楽しいからやっているんだということです。仕事じゃないから、強制もしないし、自分が無理しないでやれる範囲で活動している。いい意味でいい加減。緩くもなりますよね」

神山にほれこんだ隅田は東京の家を引き払い移住してしまう。そんな隅田が開いたサテライトオフィスはそれまでとまったく違うものだった。

サテライトオフィスが地元雇用を生んだ

サテライトオフィスと支社はどう違うのか？　厳密な定義はないようだが、本社から離れた地でテレワークができるよう、通信設備のある小規模なオフィスくらいの意味で使われている。

２０１０年10月のＳａｎｓａｎ以降、そのサテライトオフィスが神山町の古民家に次々と開設された。だが、町長の後藤正和は「最初のうちは、正直言ってさほど魅力を感じませんでした」と明かす。本社ではないので法人住民税は町に入ってこない。常駐する社員も１人か２人。ほとん

ど地元雇用も生まない。税収も地元雇用も生まないのでは、地元にそれほどメリットはないと思っていたのだ。

ところが2013年7月、プラットイーズの隅田が開いたサテライトオフィスが、それを変えた。築90年の瓦屋根の古民家を改修したプラットイーズのオフィスは、モダンさと古民家のシックな味わいが融合した不思議な空間だ。外観は黒に統一され、1階は全面ガラス張り。四方にぐるりと幅広の縁側がしつらえてある。だから名前は「えんがわオフィス」。中に入るとパソコンやモニター画面など最新鋭の機器が所狭しと並んでいる。

えんがわオフィスができる1カ月前、隅田はハイビジョンより、さらにきめ細かい4Kや8K映像の制作や記録を保存する新たな会社「えんがわ」を設立した。本社は神山町のえんがわオフィスに置いた。そしてプラットイーズとえんがわ社がともに地元採用を始めたのだ。今、プラットイーズ11人と、えんがわ社12人の計23人が働いている。うち町内在住が13人。そのうち5人は町内で生まれ育った。移住者だけでなく、地元雇用の受け皿にもなっている。

プラットイーズの大下理恵も地元で採用された1人だ。アメリカの大学を卒業して神山に帰郷。バイトをしていた2013年、町役場で働く友人に「えんがわオフィスができる」と聞いて初めて、町内に多くのIT企業が進出していることを知った。町で働けると採用に応募した大下だが、採用が決まっても「なんでわざわざIT企業が神山に?」という疑問は消えなかった。

築90年の古民家を改修した、えんがわオフィス。プラットイーズとえんがわ社の社員が働く。1階は全面ガラス張りで、広い縁側が特徴的

しかし、働き始めると、隅田ら移住者が積極的に住民と交流し、自分より神山を知っていることに驚いた。プラットイーズやえんがわ社の社員たちは毎年、会社が借りた田んぼで、農家に教わりながら総出で米をつくる。里山の暮らしを楽しみながら、のびのびと働く同僚たちと接するうちに大下も神山の生活に魅力を感じるようになった。

住み慣れた地域の魅力をヨソ者に教わる。今まで当たり前と思っていたことの価値に住民が気づく。えんがわオフィスが生みだしたのは雇用だけではない。

新しい働き方を体験する宿をつくろう

えんがわオフィスを開いた隅田が次に手がけたのが宿だ。普通の宿ではない。サテライトオフィスに興味を持つビジネスマンに、田舎でのテレワークや暮らしを実際に体験してもらう宿。いわば「新しい働き方」を世に広めるための宿だ。

サテライトオフィスを開設した隅田は、東京のプラットイーズ本社と、神山で働く社員の生産性の違いを客観的に比較してみた。すると企画やデザインワークの分野でほんの少しだが、神山の方が高い結果が出た。

「リラックスできたり、集中できたりする田舎の方が付加価値の高い仕事に向いているのが証

明された。これなら新しい働き方として広める価値がある。町に滞在して新しい働き方を体験する拠点になる宿をつくろうと思い立ちました」

やる価値は証明された。あとは需要だ。ＩＴ企業が次々と進出する神山町には、この3年間で約１０００団体、約６５００人もの視察が押し寄せた。サテライトオフィスに興味がある企業も多い。宿は成り立つと隅田は算盤をはじいた。

宿は「ＷＥＥＫ（ウィーク）神山」という名前にした。新しい働き方を体験してもらうために1週間程度は滞在してもらいたいという思いからだ。

もう一つ、隅田にはＷＥＥＫでやってみたいことがあった。共用スペースを利用して自分のような移住者ともともとからの住民が集《つど》ったり、外から視察にやって来る人と住民が交流できる「場」にしたかったのだ。

住民出資の会社をつくる

ＷＥＥＫ神山を建設・運用する新たな会社「神山神領《じんりょう》」の設立に向けて走りだした隅田は、面白いことを始めた。住民に一株5万円で出資を募ったのだ。

ＷＥＥＫ神山は町の未来をつくる試みだ。自分のようなヨソ者だけでなく、もとからの住民も

一緒の方がいいに決まっている。町の将来になんらかの形で関わりたいと思っている住民は多いだろう。志のある人たちに出資を募ってみたらどうだろうか、と考えたからだった。

2014年春、住民を対象にした説明会で隅田は、約100人の住民を前に呼びかけた。「町の将来を一緒につくりませんか。お金の地産地消です」。6月の会社設立までに51の団体と個人から計2320万円の出資が集まった。100万円を出資した人もいる。町も300万円を出資した。製材業を営む三辻博良も出資した1人だ。

「サテライトオフィスだ、移住者だといっても自分とは関わりがないと思っていた」と言う。しかし、商工会で隅田と知りあい、WEEKの計画を聞かされて考えが変わった。「外から来た人が神山の将来をこんなに真剣に考えてくれている。それが嬉しくて出資しました」。

2015年7月、神山町を流れる鮎喰《あくい》川を眼下に見下ろす川岸にWEEK神山はオープンした。町で育ったスギをふんだんに使った2階建ての宿泊棟と、築60年の古民家を改修したフロント・食堂棟があり、8室に最大24人が宿泊できる。

隅田の願い通り、WEEKは宿泊者と移住者、もとからの住民をマッチングする役割を果たしている。夕食は、隅田や女将《おかみ》の樋泉《といずみ》（旧姓）聡子、そして料理人が宿泊者と一緒に食卓を囲む。住民も食事代を払えば参加できる。ワークショップや勉強会などのイベントも夜な夜な開かれている。

WEEK神山。上の写真の右の古民家がフロント、食堂棟。左が宿泊棟。手前に鮎喰川が流れる。移住者、住民、視察者が集う夕食会も開かれる

出資した三辻も時々参加する。「お酒を飲んで交流し、言いたい放題言えるのがいい。こんな場ができて嬉しいですよ。夜、鮎喰川の向こうにWEEKの灯りを見るたび、自分も頑張らないかんなと思います」。

スタートアップのインキュベーター

Sansan、ダンクソフト、プラットイーズ……。神山町にIT企業の進出が相次ぎ、サテライトオフィスという新たな需要が存在することに気づいた大南は、流れを加速させたいと考えた。しかし、いきなりサテライトオフィスの開設を企業に言っても、ハードルが高い。それならテレワークに関心がある企業が安く「お試し」できる場所をつくったらどうかと大南は考えた。

町に相談すると、とんとん拍子に話が進んだ。町が所有する元縫製工場だった建物を改修して使うことになった。以前、町が雇用を期待して縫製会社を誘致したものの、その会社は人件費の安いアジアに拠点を移して出て行き、閉鎖されたままになっていたのだ。床面積は619平方メートルと十分な広さがあった。改修のために、神山町、徳島県、グリーンバレーが計810万円を出資した。

2013年1月にオープンした施設は「神山バレー・サテライトオフィス・コンプレックス」と名づけられ、運営はグリーンバレーが担う。テレビ会議ができる会議室、打ちあわせスペー

元縫製工場をリノベーションした、神山バレー・サテライトオフィス・コンプレックス

ス、複数の企業が入居できるコワーキングスペースがあり、共同のキッチンやシャワー、高速無線LANも完備してある（14頁下写真）。賃料（月額）はフリーアドレスが7500円、固定席が1万5000円、4畳半ほどのスペースを占有しても3万円に抑えている。お試しだけでなく、恒常的にサテライトオフィスを構えることもできる。

現在はダンクソフト、徳島県、ウェブのアプリ制作会社、弁当宅配会社など15社がオフィスを置いている。ここを経て町内にオフィスを構えた企業もあり、神山に企業を呼び込み、育むインキュベーター（孵《ふ》化《か》器）のような存在になっている。

いろんなプロフェッショナルが集まる町

2015年2月に移住してから約1年半、このコンプレックスを仕事場にしていたのが寺田天《たか》志《し》だ。カーモデリングの世界では日本でも指折りのエキスパートだ。名だたる自動車メーカーと契約し、コンピュータグラフィックで自動車のモデルを制作する。聞けば誰もが知るような高級車のモデリングも受注している。

東京で生まれ育った寺田が「田舎で暮らしたい」と神山町に訪ねてきたのは2013年夏。「IT企業が進出して話題になった町」くらいしか予備知識はなかったが、1週間滞在して神山

への移住を決めた。

「町全体がまるで学生寮みたいなんですよ。たまたま参加した飲み会に、IT業界をはじめ、いろんなプロフェッショナルが集まってきた。しかも東京と違って狭い町だからすぐ親しくなれる。こりゃ東京なんかに住んでいるより、ずっと面白そうだって移住を決めました」

しかし、なかなか空き家が見つからず、移住したのは1年半後。グリーンバレーから紹介されたのは山の上にある築120年の古民家だった。住みながら家の改修をDIYで始めたものの、いまだに完成しない。寺田は「神山のサグラダファミリアです」と笑う。

ものづくりの楽しさを体験できるメイカースペース

コンプレックスに人材が集まることで、新たな動きも生まれている。カーモデラーの寺田、スマホアプリの開発やドローンの研究をしているダンクソフトの本橋大輔、オランダから移住したアーティストのあべさやかの3人がコンプレックスで始めたのが「ファブラボ」づくりだ。

ファブラボは、最新の機器を使って自由なものづくりをする拠点だ。ファブはものづくりを意味する「ファブリケーション」、ラボは研究室という意味の「ラボラトリー」の略だ。十数年前、アメリカ・マサチューセッツ工科大学で生まれたファブラボは、日本でも鎌倉をはじめ、10カ所

神山メイカースペースのコアメンバー。カーモデラーの寺田天志さん（左端）、アーティストのあべさやかさん（左から4人目）、ダンクソフトの本橋大輔さん（右から3人目）が中心となって立ち上げた

以上に広がっている。

３人が呼びかけたファブラボづくりを神山町も支援した。国の助成金を活用して３Ｄプリンターや精巧な切断や彫刻が可能なレーザーカッターなど最新の工作機器を配備した、ものづくりや研究開発に取り組むデジタル工作工房「神山メイカースペース」が２０１６年春にスタートした。３人を中心に、現在は木工、プログラミングなどのＩＴ技術者やアーティストらが活動に加わっている。

ワークショップや出前講座でものづくりの楽しさを伝える活動にも積極的に取り組んでいる。小学校の授業でコンピュータのプログラミングや３Ｄプリンターを使ったフリスビー制作を教えたり、ドローンのメカニズムや操縦方法を教える体験教室を開いたり、城西《じょうせい》高校神山分校の生徒たちにレーザーカッターでスギを加工する商品開発を指導したりしているのだ（15頁上

神山メイカースペースではさまざまなワークショップが開かれている。上の写真は、FabLab SENDAI-FLATの大網拓真氏、FABLABアムステルダムの元マネージャー、アレックス・シャウプ氏を招いた、コアメンバーを育成するマスタークラスの様子。下の写真は、地元小学校で実施しているものづくりの出前講座

写真）。子どもたちは目をいきいきと輝かせ、授業に引き込まれている。

神領小学校長の渡辺寿万《としかず》は言う。「こんな田舎で最先端の技術者が、都会でもできない授業をして、子どもたちの将来の可能性を広げてくれる。神山の子どもたちは本当に恵まれていますす」。メイカースペースは地域のものづくりの拠点、人材育成の場になっている。

山と川を守る、手づくりの器

神山では外からやって来た人間が町のことを考えて動く。神山のスギを使った器づくりを始めた廣瀬《ひろせ》圭治《きよはる》もそんな1人だ。

神山町を源流域とする鮎喰川は吉野川水系の一級河川だ。天然のアユがとれることから、その名がついた。上流域の水は息をのむほどにきれいだ。流れ込む支流には日本の滝百選の一つ「雨《あま》乞《ごい》の滝」があり、夏に神山の人たちは川遊びをする。鮎喰川は神山の自慢の一つだ。

ところが、経営するウェブ制作会社「キネトスコープ」のサテライトオフィスを神山に構え、2012年10月に大阪から家族で移住した廣瀬は思いがけない話を耳にした。川の水量が30年前に比べると3分の1になっているというのだ。緑豊かに見える山は、ほとんどが戦後にスギを植えた人工林だ。木材価格の低迷で間伐しなくなると光が地表まで届かず、下草も生えなくなる。

大阪から神山に移住したキネトスコープの社長、廣瀬圭治さん

すると地面が硬くなって保水力がなくなり、川の水量が減ると聞かされたのだ。

廣瀬には当時小学生だった子どもが2人いた。

「このままだと子どもたちが大きくなったとき、神山の川や山はどうなるんだろうと心配になりました。何かできないかと思ったのが始まりです」

山が保水力を回復するためには、木材がもっと山から伐りだされる状況をつくるしかない。しかし、スギ材は価格面で外材に歯が立たない。それなら加工して付加価値をつけた商品をつくれないか。そう考えた廣瀬は、夏に育つ部分は白く、冬に育つ部分は赤くなってツートンカラーになるスギの木目に着目し、木目が横縞《じま》になる器を思いついた。

デザインを手がけてきた人間ならではの発想

上：神山町を流れる鮎喰川。水量が30年前の3分の1に減ったといわれる
下：ツートンカラーのスギの木目が鮮やかなSHIZQ「鶴」シリーズ

だが、木目に逆らって加工するのは手間がかかり、熟練した技術が必要だとわかった。それでもなんとか徳島市内で職人を探しだし、２０１４年7月、開発に1年をかけた商品を売りだした。間伐材を使い、収益を山の保全に役立てるプロジェクトに、廣瀬は「神山しずくプロジェクト」と名づけた。一滴のしずくが荒れた山を再生させ、水源を守る。小さな取り組みかもしれないが、山と川を守る一滴のしずくになりたいとの願いをこめた。

すべてが手作業で時間がかかるため、たとえばタンブラーの値段は1万円を超す。だが、２０１５年に開かれたイタリア・ミラノ国際博覧会に出品すると、木目の美しさが注目を集めた。贈答用のニーズが高く、東京・渋谷ヒカリエ、大阪・阪急百貨店などのほか、ネットでも販売している。そして２０１7年、神山しずくプロジェクトの器はグッドデザイン賞を受賞した。

キネトスコープの本社も神山に移した廣瀬には夢がある。「しずくの器が山や川を考える契機になれば嬉しい。町内で職人を育成して神山の地場産業に育てていきたいと思っています」。

神山が育てた建築家たち

ここで、これまで紹介してきたＳａｎｓａｎの神山ラボ、えんがわオフィス、ＷＥＥＫ神山、神山バレー・サテライトオフィス・コンプレックスといった建物を設計した「バスアーキテクツ

（現・BUS）」という3人の建築家グループを紹介したい。3人はいずれも神山町に住んでいるわけではないが、「僕たちは神山に育ててもらった建築家です」と口を揃える。

神山との縁を結んだのは坂東幸輔だった。徳島市出身の坂東は東京藝術大学で建築を学んでアメリカに渡った。ハーバード大学大学院デザインスクールの建築科に進み、2008年6月に就職活動のために勇躍ニューヨークに乗り込んだが、その翌週、リーマンショックに見舞われた。設計の職にいくら応募しても不採用。ニューヨークでのフリーター生活が始まった。

就職が決まらないまま2008年10月に結婚式を挙げるために一時帰国し、徳島市の実家に帰ったときに目にしたのが、グリーンバレーのウェブサイト「イン神山」だった。

「サイトには古民家の空き家情報も載っていて、家賃1万円と書いてあった。そんなに安いなら、神山に移住してアルバイトをしながら建築のコンペに応募し続けて建築家デビューする道もあると思いました」

結婚式を終えた11月、神山町のグリーンバレーを訪ねた坂東は大南に訴えた。「アメリカで建築を勉強しましたが、就職先がなくて困っています。神山の古民家で暮らすわけにいかないでしょうか」。ところが、大南の返事は「紹介する空き家はない」だった。「君のような建築家に活躍してもらうような仕事が今、神山にはない」というのが理由だった。神山町との糸は切れた。坂東はそう思った。

しかし、1年半後の2010年4月、ようやく母校・東京藝大の助手の職を得て帰国した坂東

に「ちょっと手伝ってくれないか」と声をかけたのは大南だった。当時、グリーンバレーは商店街の一角にある長屋を改修して事務所に活用する「オフィスイン神山」プロジェクトを計画していた。その長屋の改修設計を大南は坂東に依頼したのだ。

設計料なし、でも若手に自由にやらせてくれる

自由に設計してもらえばいい。でも設計料は出ない。東京から通ってくる交通費は出す。それが大南の条件だった。それでも坂東は引き受けた。

「若手の建築家に自由に設計を任せてくれる施主は少ない。でも大南さんは自由にやっていいと言う。大げさに言えば若者の自己実現を応援してやろうという気持ちを感じました」

坂東は早速、ニューヨーク時代に知りあった建築家仲間の須磨一清《いっせい》を誘って2人で神山に通い始めた。須磨はニューヨークのコロンビア大学大学院で建築を学び、ニューヨークで働いていたが、ちょうど帰国したばかりだった。

先に触れたように、須磨はＳａｎｓａｎの寺田が神山町にやって来るきっかけをつくった男だ。つまり坂東が須磨を誘い、須磨が寺田を連れてきたことで初のサテライトオフィスが神山に誕生したことになる。

上：BUSが最初に手がけたブルーベアオフィス神山
下：2016年に開催された第15回ヴェネチア・ビエンナーレ国際建築展で神山の活動を展示した、BUSの坂東幸輔さん（左から2人目）、須磨一清さん（中央）、伊藤暁さん（右から２人目）。グリーンバレーの大南信也さん（右端）、森昌槻さん（左端）らも現地にかけつけた

2人は「バスアーキテクツ」というチーム名を名乗った。「バス」には二つの意味を込めたと坂東は教えてくれた。「坂東のバ、須磨のスという頭の音を合体させたというのが一つ。もう一つはバスで東京から通っていたからです。交通費はグリーンバレーが出してくれたけど、とても飛行機に乗れる額じゃなかったので」。

後から坂東の大学時代からの知りあいである伊藤暁《さとる》も合流してチームは3人になる。2010年5月から設計にかかった長屋の改修は、のべ30人近い東京藝大の学生の手伝いもあって4カ月後に完成し、「ブルーベアオフィス神山」と名づけられた。改修後は映像作家が入ったが、今は非営利組織のバックオフィス業務をサポートする会社「ソノリテ」のサテライトオフィスとして活用されている。

BUSが手がけた洗練された建築群が、神山をほかの町と違う特別な存在にしているのは間違いない。えんがわオフィスは神山町を視察に訪れる人たちが必ず立ち寄る「町のアイコン」のようになっている。

坂東は言う。「プラットイーズ社のコンセプトが『オープン&シームレス』だったので、開放感があって地域の人とつながれる空間づくりをめざしました。中で働いている人の姿が見えるように外観をガラス張りにしたり、近所の人が腰かけて話もできるように縁側を配したり。黒を基調に落ち着いた外観でありながら、現代的な趣きに仕上がったと思います」。

坂東は今、日本各地で「空き家再生のまちづくり」に関わっている。須磨や伊藤も活躍の場を広げている。「僕たち3人を育ててくれたのは、間違いなく神山町です。僕らは住民じゃないけど、一緒に神山をよくしていく仲間という感覚を持っています」。

人の誘致でコトを起こす「ヒトノミクス」

神山町にやって来たＩＴ企業、デザイナー、建築家が、神山という地域に何かできないかと考えて動く。なぜなのだろう。

サテライトオフィスを開いて地元に雇用を生みだし、住民出資の会社を立ち上げて視察者の宿をつくったプラットイーズの隅田はこう話す。

「東京や大阪のような都会だと私みたいな事業の立ち上げ屋は足りているけど、地方では少ないので自分が役立つ余地がある。小さな町なので地域課題が見えやすくて、自分事として考えやすい」

地元のスギ材で器をつくり、その収益で荒れた山や川を再生する神山しずくプロジェクトを立ち上げた廣瀬はこう話す。

「東日本大震災以降、社会のために自分は何ができるだろうと考えるようになりました。そんな思いで神山に来たら、川と山の課題があり、スギという資源があった。これまでやってきたデ

Sansanの社員によるネットを使った特別授業。神領小学校の生徒に大好評だ

ザインのノウハウを活かして課題解決にチャレンジしたいと思ったのです」

神山町に移住してきたヨソ者が住民とともに地域の課題解決をめざす理由の一つには、隅田が言うサイズ感があるだろう。約5300人という人口規模は、地域の課題が見えやすく、自分事として受けとめやすい。廣瀬がそうだったようにヨソ者だからこそ気づく地域の特徴もあるだろう。

グリーンバレーの大南はこう言う。

「企業誘致じゃなくて人の誘致なんですよね。これまで地元にいなかった多様な人が集まれば、これまでにないコトが起きるかもしれない」

多様な人が集まることによってコトが起きる。それを大南は「ヒトノミクス」と呼んでいる。

3章　なぜ移住者は神山をめざすのか

神山町が地方再生のロールモデルとして注目されている理由は二つある。

一つはIT企業のサテライトオフィスが進出したこと。もう一つが移住者の多さだ。町は2008年から8年間に県外から161人の移住者を迎え入れている。町人口の約3％に当たる。

移住者、Iターンとほとんど無縁だった神山町が変わり始めたのは2008年6月。グリーンバレーがウェブサイト「イン神山」を公開してからだ。ただ、サイトには「手に職を持つ人、若年者の移住を優先する」という受け入れ方針も明記した。「町には仕事がない。それなら起業できる人に来てもらえばいい」という「逆転の発想」だったが、グリーンバレーの関係者でさえ「そんな人が本当に町に来てくれるのか」と不安だった。ところが、移住者はやって来た。

「生きる」と「働く」がつながった暮らし求めて

町役場から歩いて5分ほど。ひなびた寄井《よりい》商店街の一角に古民家を改修した「カフェ オニヴァ」がある。南仏料理を食べさせるビストロ。カジュアルで小さなレストランだ。オーナーの齊藤郁子とシェフの長谷川浩代の2人が理想の暮らしを求めて移住し、2013年12月にオープンさせた。

齊藤は神山に来るまで、東京でコンピュータ大手アップルに勤めるバリバリのビジネスパーソ

ンだった。仕事にはやりがいを感じていた。しかし職場は高層ビルの中で、通勤で土を踏むこともない。自然が大好きな齊藤は埋めあわせるように、休日はアウトドアスポーツや環境問題のボランティア活動に飛び回った。よく働き、よく遊ぶ。理想の生活だと思っていたが、心境に変化が訪れる。

「誰がつくったかわからない物を食べ、すべてのサービスと物を購入するのではなく、つくり手の顔が見えたり、消費だけでなく資源を循環させたり、そんな暮らしをつくれないかと思うようになったんです」

そんなことを考え始めた2003年、アウトドア仲間が移住した神山町を訪ねた。仲間が紹介してくれた町の人がオープンで不思議にリラックスできた。その後も年に一度は町に通ううちに知りあいが増えていった。齊藤が「師匠」と呼ぶ86歳の男性には鉈《なた》の使い方やイノシシの狩りや解体の仕方を教えてもらった。

齊藤は理想の生き方を見つけた気がした。それは、生きることと働くことがつながった暮らしだった。「この町で暮らしたい」。神山町に通うようになって8年。そんな思いが膨らんでいた2011年、齊藤はグリーンバレーの「イン神山」で築150年を超す造り酒屋だった物件を見つけた。商店街に面した大きな古民家だった。一目で気に入った齊藤は「人が集まるカフェにしたい」という企画書を書き上げ、グリーンバレーに持ち込んだ。翌年には購入し、改修を始めた。

カフェ オニヴァのオーナー齊藤郁子さん(右端)、シェフの長谷川浩代さん(左から2人目)、ホールスタッフの國本量平さん(左端)、吉沢公輔さん(右から2人目)

当時、齊藤は環境問題のボランティア活動で知りあった友人の長谷川と互いの将来の夢を語りあっていた。東京に本社があるオーガニックワインの輸入会社で働いていた長谷川もまた、理想の生き方を求めていた。長谷川は毎年、南フランスの農家民宿に足を運ぶ。そこには自給自足に近い暮らしがあった。山羊を飼い、ミルクからチーズをつくり、食べ残しは鶏や豚が食べる。そんな循環する暮らしに憧れていたのだ。

長谷川がつくる南仏料理の大ファンだった齊藤は「一緒にやろうよ」と誘い、長谷川は二つ返事で話に乗った。

築150年を超す造り酒屋を改修した、カフェ オニヴァ。オーガニックの食材を使った料理、働き方など、新しい価値観を提案する

食材とホスピタリティへのこだわり

2013年12月、神山町に移住した齊藤と長谷川が「カフェ　オニヴァ」をオープンさせると、移住者だけでなく、町民もたくさん来てくれた。

「初めは皆さん、恐る恐るという感じで。でも、そのうち常連さんが増えていきました」と齊藤は振り返る。

小さな町でフランス料理の店がやっていけるのか。心配していたグリーンバレーの大南はちょくちょく顔を出した。ところが翌年9月、齊藤から「店を1カ月閉める」と聞いて驚いた。「ヨーロッパにひと月もバカンスを兼ねて研修に行くと言うんでびっくりした。秋にはアーティスト・イン・レジデンスもあるし、神山に来るお客さんも増える。稼ぎどきやのに、何を考えとるのかと思いました」。

しかし、齊藤はこう言う。「バカンスと研修は店を始める前に2人で決めていました。年中無休にして、稼いだら徳島市にでも2号店を出して、と考えるのが普通なのかもしれません。でも、私たちはあり余る利益を出そうとは思いません。しっかり休んで、ヨーロッパで料理やワインを勉強した成果を店に持ち帰って、おいしい料理や居心地のよさをつくりたいんです」。ちなみに

1カ月以上、店を閉めての研修は毎年恒例になっている。

2人のこだわりは食材にも表れる。化学肥料や農薬を使わないオーガニックの野菜は、町内の気心の知れた農家から買う。「顔の見える関係を大切にしたい。自分たちが食べたいものだけを出すようにしています」とシェフの長谷川は言う。

変わっていると言えば、オニヴァは月に一度、スタッフも含めて客とテーブルを囲む「みんなでごはん」という日を設けている。毎回、お題を出してみんなが思い思いに話をする。たとえば「今の仕事に就いてなかったとしたら、何がしたいですか？」という風に。交流する場として定着し、県外からこの日をめがけて来る客も多い。

「薪《まき》通貨」にも2人の思いが詰まっている。持続可能なエネルギーづくりをめざして、オニヴァの床暖房は薪ボイラーで温水を循環させている。客がその燃料となる薪をひと抱え持っていくとコーヒー1杯、軽トラック1台分ならディナーが食べられる。だから「薪通貨」なのだ。軽トラックに薪を積んでやってくる常連もでき、小さな資源循環を生みだしている。

週休3日、やりたいことを追求する働き方

オニヴァを切り盛りしているのは齊藤と長谷川だけではない。やはり移住者の國本量平と吉沢

公輔がホールスタッフとして働いている。

國本は、自分の居場所を求めてさすらった末に神山に辿り着いたクチだ。東京の美術大学を卒業して厨房機器の会社で3年半勤めた後、郷里に帰ってレストランで働いた。その後、バカンスに行ったタイのリゾートで友人になったタイ人のレストランを5カ月ほど手伝っているとき、後で紹介する「神山塾」4期生の募集を知って応募。2012年11月に神山にやって来た。開店当初からオニヴァのスタッフとして働いている。

吉沢も神山塾の4期生だ。次の仕事を決めないまま、計測器メーカーを辞めたばかりのときに塾生募集を知って応募した。サラリーマン時代に神山に来たことがあり、大南の講演を聴いて面白い町だと思っていた。塾生として暮らした神山での半年間は東京で生まれ育った吉沢には何もかもが新鮮だった。以前から齊藤とは知りあいでオニヴァが忙しいときに手伝っていたが、2015年春から正式にスタッフになった。

現在の4人になったのを機に、オニヴァは株式会社になった。驚いたのは、オーナーの齊藤、シェフの長谷川だけでなく、ともに働く國本、吉沢を加えた4人が均等に株を25%ずつ持ち、全員を取締役にしたことだ。

理由を齊藤はこう話す。「上司も部下もいないフラットな職場にしたかったんです。来ていただいたお客様にいい時間だったね、と言っていただけるような店をつくるために4人がやりがい

を持って働ける職場をめざそうと思いました」。

フラットでフェアな関係をつくると口で言うのは易しい。しかし、ここまで徹底する経営者はざらにいないだろう。2016年5月からオニヴァは週休を2日から3日に増やした。そこにも齊藤たちの「働き方」へのこだわりがある。

「週休2日といっても、仕込みもあるので実際に休めるのは1日。本当に身体を休めるだけです。でも私たちにはそれぞれやりたいことがある。長谷川さんはオニヴァのことを本に書きたい。國本さんは近所の倉庫を映画館にしたい。吉沢さんは木こりの修行中。私もサウナをつくったり、馬で神山の山を巡るツアーをやりたい。それぞれが没頭する時間をつくろうと4人で話しあって決めました」

大南はこう言う。「あの子らと話していると元気が出てくるんよな。原点に戻してくれるというんか。住民も変わった店だと言いながら刺激をもろとると思います」。

齊藤たちを取材していると、「あなたが大事にしたいものは何ですか?」「あなたにとって働くとはどういうことですか?」と、問いかけられているような感覚に襲われる。こちらの価値観が揺さぶられるのだ。

オニヴァはフランス語で「さあ、行こう!」。開店から4年余り。そんなオニヴァは、すでに神山にとってかけがえのない存在になっている。

サラリーマン生活にサヨナラしたカフェ店主

神山に移り住むのは若者ばかりではない。サラリーマン生活にサヨナラして46歳で移り住んだ中山竜二もそんな1人だ。

40歳も過ぎると、サラリーマンは自分の行く末がだいたい見えてくる。神山町で今、「粟《あわ》カフェ」という名の喫茶店を営む中山もそうだった。10年先に自分のなりたいモデルが会社の中に見つからない。毎日が会社と自宅、それに居酒屋の行き来で、つきあう人も仕事関係ばかり。このまま人生が終わるのかと思うと、ふとむなしくなる。

北海道の大学を卒業後、石油大手の出光興産に入って勤続20年目のころの感慨だ。中山はサラリーマンとして東京を振り出しに福岡、名古屋、東京、大阪と転勤を繰り返し、当時は高松支店に勤務していた。

「どこに根を張ることもない根なし草ですよね。もうサラリーマン人生はだいたいわかったし、別の人生を送ってみたいと考えていました」

ちょうどそのころ、「イン神山」で築130年の古民家の情報を見て、グリーンバレーに電話を入れた。「僕、買います」。2010年3月に妻、5歳の次男の3人で移住した。高校生の長男

は神戸市の高校に通わせた。

移住してしばらくは、町でとれる農産物の加工品をつくって生計を立てようと梅ジャムや梅シロップをつくっていたが、知りあいになった住民から「この店やってみんか」と声をかけられ、そば屋だった店を改装し、2012年2月に栗カフェを開いた。調理師免許を持つ妻が料理を担ってくれた。

栗カフェを営む中山竜二さん

栗カフェの看板には「町の見どころ案内」と書いてある。町を訪れる人のために観光案内の地図も仲間とつくった。グリーンバレーと商工会の理事にもなった中山は言う。

「前の会社を辞めるとき、『神山町に移住します』と言っても神山のことを知っている同僚は1人もいませんでした。今だったら何人かは知っているんじゃないですかね。第二の人生を踏みだせたのは神山のいろんな人たちのおかげです。そんな町の役に少しでも立ちたい」

若者を呼び込む神山塾という装置

田舎暮らしはしてみたいし、神山町にも興味はある。とはいえ、いきなり移住するには不安がある。そんな若い移住者を呼び込む「装置」が神山町にある。カフェ オニヴァの國本や吉沢も塾生だった「神山塾」だ。

半年間の滞在型職業訓練の場として2010年にグリーンバレーが始めた。2017年春に卒塾した8期生までで計105人。うち4割がその後も神山町を中心に徳島県内に移住している。

塾の事業主体はグリーンバレーだが、運営は徳島市に本社を置く「リレイション」という会社に委託している。そもそも「神山塾」を提案し、立ち上げたのは同社社長の祁答院《けどういん》弘智なのだ。

徳島市に住む祁答院を神山に引き寄せたのは、2008年5月に読んだ「グリーンバレーがワーク・イン・レジデンスという事業を始める」という新聞記事だった。神山町で起業してくれる若者に移住を呼びかけると書いてあった。

「このグリーンバレーというNPOは何を考えているのか、と思いました。ただでさえ田舎に移住者なんて来ないのに、町で起業してくれる人を集めるって、そんなの来るわけないやろって」

当時、祁答院は会社を立ち上げたばかり。若者とコミュニティをつなげる社会的な仕事をした

いと思っていたが、何をしたらいいのかわからない。悩んでいたときに「ワーク・イン・レジデンス」の記事を読んだのだ。

何を考えているのか、と思う一方で、どんな町なのか気になった。一度話を聞いてみようとグリーンバレーの大南を訪ねて驚いた。山奥の田舎町のＮＰＯが毎年、アーティスト・イン・レジデンスで海外のアーティストを招き入れている。ＮＰＯのミッションが「日本の田舎をステキに変える！」だと聞いて祁答院は思った。そんな大きな目標を掲げて、大らかで面白そうな町じゃないか。この町なら自分のチャレンジを受け入れてくれそうだ。

早速、祁答院は大南に「この町で、既存のコミュニティと若者が重なるような取り組みをしてみたいんです！」と訴えた。

すると大南は言った。

「ようわからんけど、やったらええんちゃう！」

祁答院は、森の整備や棚田の再生を手伝うために、知りあいの大学生やダンサー、バンドマンら若者たちを引き連れて3年間、神山に通った。普段は10人ほど、田植えや稲刈りのときは50人から80人の若者を集めた。１８０センチを超す体格で声が大きな祁答院には人をひきつける生来の明るさがあり、次第に頼りにされる存在になっていった。

しかし、ボランティアだからお金にはならない。「どうにかしなければ」と思っていたときに、

厚生労働省が民間の職業訓練制度への助成を始めたのを知った。訓練生には月10万円の生活支援金が出ると聞いて、神山に地域づくりのプランナーを養成する塾をつくったらどうかとひらめいた。神山塾の始まりだった。

「やったらええんちゃう!」に背中を押されて

3年間、棚田再生で地域に通うなかで、自分も含めて若者は地域とのつきあい方を学び、変わっていった。神山に半年間滞在し、町で暮らす多様な人たちを「先生」に地域づくりを学んでもらう塾を開く。グリーンバレーの事業として立ち上げ、リレイションが委託する形にすれば仕事になるじゃないか、と祁答院は考えたのだ。

早速、大南に相談するとまた、あの言葉が返ってきた。

「やったらええんちゃう!」

神山塾の提案はグリーンバレーの理事会にかけられ、事業として進めるゴーサインが出た。祁答院は振り返る。「うまくいくかどうかは、こっちの責任なんですけど、とりあえずチャンスをくれる。ネガティブ思考じゃなくてポジティブ思考。トライしてみたらいいじゃないかと背中を押してくれました」。

どこの田舎もこうではない。都会から移住した若者が「新たな風を吹き込んでほしい」と役場に言われ、その気になってあれこれ提案しても、「あれは駄目、これも現実的じゃない」と潰されてしまう。そんなことが続くうちに移住者が村を出て行ってしまう。地方でよく聞く話だ。

祁答院の神山塾の提案にしても、国から助成事業として採択されるかどうかもわからない。この時点での現実性は限りなく低かっただろう。それでも「やったらええんちゃう!」と声をかけた大南は言う。

「できない理由を探すよりも、できる方法を見つけるというのが、グリーンバレーの信条です。あれこれ考えてやらないよりは、とにかくやってみる方が、たとえうまくいかなくても得るものは大きい。だから、やったらええんちゃう! 僕らも人を見て言っているつもりです。祁答院さんは、ボランティアで棚田再生に取り組む姿勢を見て任せてみようと」

しかし、やはり事業化はすんなりとはいかなかった。窓口で申請書を出そうとして何度

神山塾を運営するリレイションの社長、祁答院弘智さん

も突き返されたのだ。

「職業訓練の事業だからパソコンスクールやソーシャルワーカー養成などが想定されていて、山奥のNPOがよくわからない地域づくりプランナーを養成するといってもわかってもらえませんでした。設備はあるのか、先生はいるのか、そもそも職業訓練の実績はあるのかと……。今思えば突っ込みどころ満載でした」

それでも祁答院は書き直しては通い詰め、なんとか半年がかりで採択にこぎつけた。

もっといたいと思わせるお試し移住

神山町に半年滞在して研修を受け、イベントプランナーや地域コーディネーターをめざしてみませんか。月に10万円の生活支援金も支給されます。

そんな塾生の募集広告を、都会の若者がよく見る求人サイト「東京仕事百貨（現・日本仕事百貨）」に出すと、全国から若者が集まってきた。塾生たちの平均年齢は30歳前後。大学を卒業して都会で働いていた人がほとんど。高学歴だったり、留学や長期旅行などで海外経験があったりする人の割合が高かった。「田舎に移住してみようかと思うんだから、もともと好奇心の強い人たちですね」と祁答院は言う。東京で大手玩具会社のＩＴ部門で働いていた樋泉《といずみ》（旧姓）聡子も

上：神山塾を卒業後、現在はWEEK神山の女将を務める樋泉聡子さん
下：神山塾のイベント企画「子供自然塾」で完成させたツリーハウス

そんな1人だった。

塾のカリキュラムは約3割が座学。残りは棚田再生や森の整備、古民家の改修のほか、自分たちで町内外から人を集めるイベントを実施するなどの「オン・ザ・ジョブ・トレーニング」だ。

2011年夏から始まった研修で樋泉は、町の子どもたちと一緒に自然を学び、ソバの種まきから収穫までをする実習に参加した。数カ月もすると町を歩いていても、知りあいと出会うことが多くなった。会うと必ず挨拶を交わす。東京では考えられなかった。下宿させてもらった家では家族のように接してくれた。

神山にもっといたいと思うようになった樋泉は卒塾後、グリーンバレーの職員に採用され、IT企業誘致の担当になった。視察者を案内して回ったり、IT企業の経営者の相談に乗ったり。そんな仕事を通じて、2章に登場したプラットイーズの隅田徹と知りあって結婚。立ち上げから関わった「WEEK神山」の女将になった樋泉は言う。

「神山塾の半年はお試し期間。それがいいのかもしれません」

いきなりの移住はハードルが高い。その前に生活支援金の給付を受けながら半年間暮らすことができる神山塾は移住希望者にとっては願ってもないしくみだろう。

同じような「お試し移住」のしくみとして総務省が2009年度に始めた「地域おこし協力隊」がある。こちらは隊員として報酬をもらいながら3年間、同じ市町村で活動する。しかし、

多い町でも毎年数人の受け入れだ。それに比べて神山塾は毎年十数人を受け入れる。しかも期間は半年と短い。その短さが気軽に応募してみようと思わせる絶妙な長さになっている。

神山塾を卒業後、オーダーメイドの靴屋リヒトリヒトを開業した金澤光記さん

起業する塾生たち

すでに起業できる職を持つ人が塾生に応募することもある。いきなり移住・起業するのでなく、神山塾を経験してから移住し、起業するパターンだ。

2015年1月にオーダーメイドの靴屋「リヒトリヒト」を神山に開いた靴職人、金澤光記もそんな1人だ。愛知県出身の金澤は国内の靴づくりの専門学校で学んだだけでは飽き足らず、技術を極めようとドイツで1年修業した。帰国して妻の郷里、徳島市での独立を考えていたとき、神山塾を知り、

2014年2月から半年、塾生として町で暮らした。

神山にはそれまで接したこともないさまざまな人たちがいた。サテライトオフィスを開いたIT企業の経営者、先に起業した移住者。視察者やお遍路さんも全国から訪れる。その多様さに可能性を感じて神山での起業を決めた。

だが、オーダーメイドの靴は決して安くない。神山のような過疎の町で商売が立ちゆくのだろうか。そう尋ねると、半年先まで予約で埋まっていると言う。その秘訣は金澤の仕事ぶりにある。靴を注文する人には、どんなに遠くても必ず来店してもらう。どんな靴がいいかじっくりと話を聞き、採寸する。外反母趾《がいはんぼし》の人もいれば、足に障がいがある人もいる。丁寧な仕事が口コミで広がり、徳島県外からも注文が寄せられる。

神山塾は手に職を持って町で起業する移住者たちを呼び込む装置にもなっている。

塾生を迎える神山のお父さん、お母さん

祁答院が「この人たちがいなければ神山塾は成立しません」と言う2人がいる。

1人はグリーンバレー草創期からのメンバーの岩丸潔だ。町で衣料品店「岩丸百貨店」を営む岩丸には、たくさんの娘や息子がいる。

岩丸潔さん（右から3人目）の家では神山塾生が集まり、頻繁に宴会が開かれる

「数えたことないけど、娘は100人超すかなあ。息子もその半分くらいはおるんと違うかな」。むろん実の子ではなく、ほとんどが神山塾の塾生だった若者たちだ。岩丸は「神山のお父さん」「岩丸お父さん」と呼ばれている。

全国から集まる神山塾の塾生を岩丸は毎年、自宅で下宿させている。7年間で計20人。それ以外の塾生とも夜な夜な岩丸邸で開かれる宴会で親密だ。ほかにも塾生の友人が居候したり、神山町の論文を書きに来た大学生が滞在したり、フラッと訪ねて来た若者が泊まったり。塾生かどうか。神山に移住するかどうか。そんな分け隔ては岩丸の頭にない。

妻は先立ち、2人の子どもは徳島市内で暮らす岩丸は母との2人暮らしだ。

「賑やかな方がありがたいんよ。若い人と話すと元気になるしな」

しかし、４年前に塾生として半年下宿し、今は町の地域包括支援センターで働く田中泰子は「元気をもらうのは私たちの方です」と言う。

神山にはさまざまな若者がやって来る。都会で仕事のノルマに追われ、人間関係につまずいた人。人生を見つめ直したい人……。

「いろんな子が、どんな相談をしても共感して話を聞いてくれる。本当に大事にしてくれて、私もその人を大事にしたいと思う人に神山ではたくさん出会いました。岩丸お父さんはその筆頭です」

岩丸が「お父さん」なら「神山のお母さん」は粟飯《あい》原《はら》國子《くにこ》だ。夫と暮らす自宅にやはり神山塾生を受け入れているが、驚くのは粟飯原自身が塾生だったことだ。

２０１０年。神山塾が始まると聞いて、粟飯原は週に一度でも若い人に野菜一杯の手料理を食べさせたいと思った。

「わざわざ、あちこちから神山に来てくれるのに、ちゃんとしたものを食べさせてあげんと可愛そうだと思うたんよ」

近所の主婦仲間と相談して、週に一度店を開こうと考えた。でも、店に来てくれても、話が合わなければ若い人もくつろげないだろう。そこで粟飯原は67歳で若者に交じって神山塾の１期生

になった。年金をもらっているから国から塾生に出る生活支援金は1円ももらわなかった。「1日も休まず、皆勤賞やったんやで。人生で一番リッチな半年間やった。若い人に囲まれて講義を聴くのも楽しかった」と振り返る。

主婦仲間と開いた「梅星茶屋《うめぼし》」は、いつも塾生や移住者たちで賑わっている。お代は500円。ワンコインなら気軽に食べにくることができるだろうという栗飯原の親心だ。

栗飯原は自宅で毎年2～3人の女子塾生の下宿を受け入れる。「塾生はみんな素直で、ええ子ばっかりよ。やさしすぎて悩んだりする子もおるけどな」。そんな女子たちに「神山のお母さん」と呼ばれているのだ。

神山塾生に手料理をふるまう梅星茶屋を開いた栗飯原國子さん（左）

しかし、下宿を受け入れている岩丸や栗飯原だけが、神山のお父さん、お母さんではない。塾生や移住者それぞれに、かけがえのない住民がいる。都会での暮らしから離れ、自分と向きあい、将来のことを考える。そんな塾生の傍らに、親身に相談に乗ってくれる住民がいる。そんな住民とのつながりが神山を第二の「ふるさと」にしている。

塾生の4割が地域に残る理由

神山塾を立ち上げた祁答院は「自分は神山に育ててもらった起業家です」と言う。若者とコミュニティをつなぐ社会的な仕事をしたいと思いながら、何をすればいいかわからなかった男は今、神山町だけでなく、徳島県海陽町や北海道浦幌町などの地方創生事業や人材育成などに関わり、全国を飛び回っている。社員も5人いる。

その祁答院は「神山塾の神髄は塾以外の時間にある」と言う。「もちろん塾のカリキュラムやオン・ザ・ジョブ・トレーニングもそれなりに工夫しています。でも、それだけじゃ足りない。地域と関わり、地域で暮らす人々の中で揉まれ、教えられながら成長していくんです」。

塾は平日の午前9時半から午後4時半までの7時間。1日の残りの17時間をどう使うかが大事だと言うのだ。時間を使うといっても、町にはコンビニが1軒あるだけで、ショッピングモールや飲み屋街もない。徳島市内に出るには1時間に1本あるかないかのバスで片道1時間かかる。

「だから、いいんです」と祁答院は言う。お金を使って時間を潰せないから、自分と向きあい、将来のことを考える。周りには議論しあえる移住者や、親身に相談に乗ってくれる住民がいる。「そんな時間を持つことが重要なんです。だから塾以外の17時間については全力で放置しています」。

塾生の4割が神山町や徳島県内に残る理由を、祁答院はこう語る。

「当然ですけど、塾では神山町に残ってほしいなんて言いません。塾生が残る選択をするのは地域の力だと思う。そんな地域だから神山塾も成り立つ。地域に育ててもらう塾ですから」

親切が循環する町

徳島市から神山町につながる国道438号を右に入った丘の上に「Yusan Pizza（ユサンピザ）」がある。大阪府から家族で移住した塩田ルカが古民家を改造して2014年7月に開いたピザレストランだ。

無農薬、自然農法の野菜を使い、ハーブは自家栽培する。そんな素材でつくったピザをイタリアから取り寄せた石窯で焼く。店は4組も入ると満席になる。塩田がピザを焼き、妻の舞が料理を運ぶ。夫婦だけで切り盛りしているから基本、予約客だけにしている。

「たくさん来ていただいても対応できなくて、お待ちいただくのは申し訳ありませんし、ゆっくりと食事を楽しんでほしいと思っています」

窯焼きのピザを修行し、自給自足的に暮らせる場所での開業を考えていたとき、「神山町に行ってみたら」と友人にアドバイスされた。

イタリアから取り寄せた石窯で、塩田さんが焼く
無農薬の野菜を使ったピザ

初めて町を訪れた塩田は「自然の豊かさに一目ぼれしました」。移住の決め手になったのは5歳だった長男の「あそこにまた行きたい」という一言だった。子どもをのびのびと育てたいというのが夫婦の希望だった。

「都会で暮らしていると子どもはクレームの対象だったりするじゃないですか。騒ぐとうるさい、とか言われて。でも神山だと喜んでもらえるんですよ。元気があっていいなって頭をなでてくれたりして。地域の人たちがうちの3人の子どもたちを大事に思ってくれていることがすごく伝わってくるんです」

塩田の話を聞いて面白いと思ったのは、「神山では親切が循環する」というフレーズだ。

「神山に来てからいろんな方にお世話になりました。でも、押しつけがましいところがなく、ごく自然な感じなんです。都会だとお世話になった人にお返しするだけ。神山だとそれ以外の人にも親切にする人が多い。親切が循環しているように思うことがあるんですよ。町民全員がいい人なんてありえないと思いますけど、そういう人が多いのは間違いないですね」

そんな塩田の店には、週末ともなると県外からも客がやって来る。

「お客様は町内が4割、県内が4割。残りの2割が兵庫県や香川県、愛媛県、大阪府といった県外からですね。サテライトオフィスを訪ねる東京のお客様も多くて、ご近所のおじいちゃん、おばあちゃんと東京から来た人が隣りあわせで座っていることもよくあります」

心やさしい夫婦が出してくれるピザがおいしいのはもちろんだが、店の居心地のよさも人気の理由の一つだろう。ユサンピザは住民が帰省した子どもや孫を連れて食べにくる、「神山にはこんな店もある」とちょっと自慢したくなるスポットになっている。

海外からも移住する人間交差点

神山町には海外から移り住む人たちもいる。2016年2月にオランダから移住したあべさやかと夫のマヌス・スウィーニーもそうだ。

あべは、三重県出身で多摩美術大学を卒業後、ヨーロッパに渡り、アムステルダムを拠点に11年間、絵画、ビデオ、インスタレーション（空間芸術）など多岐にわたる活動を展開してきた。アイルランド人のマヌスはドキュメンタリーなどの映像作家だ。

神山への移住のきっかけは、アーティスト・イン・レジデンスだ。あべが2013年の招聘《しょうへい》作家として3カ月滞在し、マヌスもともに神山で暮らし、さまざまな人たちと交流した。

「田舎なのにいろんな分野の人が出入りして、まるで人間交差点みたいだなって。東京よりもずっと刺激的で、それでいて昔ながらの日本の風景も残っている。いい町だなと思いました」

その後、神山の人たちに会いたくて年に数回、帰国しては神山町に「帰って」くるようになった。

「会いたい人がいるというのが大きいけど、それだけじゃない。この町って、いろんな人がいろんなことをしているから、3カ月いないと、何か新しいことが起こっている。今度は何が起きているんだろうとワクワクする気持ちが神山に向かわせるんです」

そこまで話したあべは、10秒ほど言葉を探して一気に話し始めた。

「神山は止まってないんです。この町にはいろんな人が出入りして、地域の人を巻きこみながら何かをつくっていく。たとえば、映像をつくるのに長《た》けた人がいる。森や植物に詳しい人がいる。その人たちがミックスされることで何か新しいことが生まれる。同じ分野の中で固まらないから、面白いことが起きる可能性がものすごく高い。そもそも町に何かを始めてみようかなと思わせる空気が流れている。やりたいことを試させてくれるっていうのかな」

「神山は止まってない」という言葉が印象に残った。私もそう感じていたからだ。絶えず誰かが何かを始めて、止まっていない。あ

オランダから移住した、アーティストのあべさやかさんとマヌス・スウィーニーさん夫妻

クラウドファンディングで出資を募り、2018年にオープンした
ブルワリー KAMIYAMA BEER。4種のクラフトビールが楽しめる

べは前述した通り、カーモデラーの寺田天志、ダンクソフトの本橋大輔たちと「神山メイカースペース」を立ち上げた。マヌスも、この町で新たな挑戦を始めた。故郷のアイルランドのビールに似た本格的な神山の地ビールづくりだ。

マヌスとあべは「KAMIYAMA BEER PROJECT」と名づけてクラウドファンディングで資金を募った。そして2018年7月、小さなバルがあるクラフトビールの醸造所（ブルワリー）が神山温泉に近い清流のほとりにオープンした。

カリフォルニアから移住した、ウェブデザイナーのマット・ローソンさんとさつきさん夫妻

アメリカ人のマット・ローソンと妻のさつきも子ども2人と2016年8月にカリフォルニアから引っ越してきた。ウェブデザイナーのマットは、パソコンさえあれば世界のどこでだって仕事ができる。2人は、自然の豊かな場所で暮らそうとずっと移住先を探してきた。インドネシアのバリ島やタイの地方都市も訪ねたが、どこもピンとこなかった。そんなとき、グリーンバレーが英語で発信している「イン神山」が目にとまった。太平洋を渡り、下見で1カ月暮らして移住を決めた。マットは言う。

「山があって、川がある。それにアーティスト・イン・レジデンスのせいか、町の人は外国人にも慣れていて、とてもフレンドリー。この町でずっと暮らしたい」

人が集まり、多様性が生まれると、そこに可能性を感じる人たちがまた集まってくる。そんな好循環が神山では始まっている。

4章　町の未来を自分事にする
――地方創生戦略づくり

「過疎や高齢化のトレンドに立ち向かう小さな町」

アメリカの有力紙・ワシントンポストに、そんな見出しのついた記事が掲載されたのは2015年5月のことだ。小さな町で起きている「異変」は、海外メディアまでひきつけている。

その「異変」はやがてまちづくりの本流へと進化し始めた。

プレイヤーが別々の方向を向いているという焦り

かつてグリーンバレーの大南が挨拶のたびに使うフレーズがあった。

「世界の神山になる！」だ。

大南の姉、松浦ひろみが、初めて聞いたのは20数年前に遡る。松浦の娘が通う中学校の行事に来賓として招かれた大南が生徒たちを前に、こんな話をしたのだ。

「みんなは、神山といえば徳島県の田舎やと思うとるやろけど、僕らは少しでも面白い町になるようにがんばる。みんなも大人になって町のためにがんばってくれたら、神山は世界の神山になります！」

弟の挨拶を聞きながら、松浦は心配になった。「あんまり大風呂敷を広げたような話をしよったら、誰にも相手にされんようになってしまうんやないかと思うたんよ」。

20数年前といえば、ちょうど大南が仲間たちと「青い目のアリス人形」をアメリカに里帰りさせたころだ。国際交流を実現させた高揚感もあったのだろう。町を面白くする試みが幾世代にもわたって積み重なれば、きっと町は変わる。若い世代にそう伝えたかった大南の気持ちはわかる気がする。

それにしても「世界の神山」とは、どんなイメージだったのか。あらためて大南に尋ねてみた。

「たとえば関西空港に降りたつ外国人の目的地は、ほとんどが大阪や京都やないですか。それが関空に着いて、神山に直接向かう人が出てくる。そんな感じやったかな。でも最近は使わんようにしとるんです。現実がイメージに近づいてきた感じもあって、浮かれとるように思われてもいかんので」

たしかにアーティスト・イン・レジデンスなどで神山町をめざす外国人は増えている。町に移住する人も珍しくない。あのワシントンポストも取り上げる町になったのだ。20数年前に夢想した「世界の神山」というイメージに近づいているのは間違いない。ところが、大南から思いがけない話を聞いた。順風満帆に見えるなか、危機感を感じていたと言うのだ。

「移住者が起業し、サテライトオフィスが来てくれるのはありがたい。でも、町を本当に変えるには、基幹産業である農業や林業を活性化させる必要がある。でも、そこまで話が大きくなると役場が動かないと難しい。ＮＰＯのグリーンバレーだけで動かせる範囲は知れている。どこか

でギアチェンジしないといけないのに、きっかけをつくれないまま時が過ぎていく。実はここ数年、危機感と焦りを感じていました」

確かに移住者やサテライトオフィスが増え、少ないながら雇用も生んでいる。だが、人口減少が止まらない神山町の現状を変えるレベルにはほど遠いだろう。しかし、大南の話には続きがあった。

「でも今、私たち民間と役場が同じ方向を向いて動いている実感があるんですよ。移住者ともとからの住民が混ざりあい、いろんなプロジェクトが生まれるようになってきた。ステージが変わったというか。神山は画期的に変わりつつある、これで大丈夫かもしれないと思えるようになりました」

ステージを変えた、地方創生戦略づくり

神山のステージを画期的に変えたきっかけは、地方創生に向けた町の総合戦略づくりだった。地方創生とは、第2次安倍政権が2014年9月に掲げた重要政策の一つだ。急激な人口減少に歯止めをかけ、首都圏への一極集中を是正し、地方の自律的な活性化を促す政策のことだ。

火をつけたのは民間の研究グループ・日本創成会議が2014年5月に発表した1本のレポート

だ。このままの人口減少が続けば、全国の自治体の半数は消滅する恐れがあると警鐘を鳴らしたのだ。「消滅可能性都市」というセンセーショナルな言葉が議論を巻き起こし、政府はレポートの発表から4カ月後に「まち・ひと・しごと創生本部」を設置。同年11月には地方創生関連2法を成立させた。翌春に控えた統一地方選挙をにらんで、アベノミクスの恩恵を感じていない地方の有権者に「地方重視」の姿勢をアピールしたい政府の思惑が透けて見えた。

そして成果を急ぐ政府は全国の自治体に号令をかけた。47都道府県と1700余りある全市町村に、それぞれの自治体の将来人口を予測・分析する「人口ビジョン」と、人口減少と地域活性化の対策をまとめた「総合戦略」を2015年度中に策定するよう求めたのだ。

わずか1年ほどの間に地域再生の処方箋＝総合戦略を策定しなければならなくなった自治体はあたふたと対応に追われることになる。神山町でも早速、総務課主査（当時）の杼谷《とちたに》学が人口ビジョンと総合戦略策定の担当に任命された。

絵に描いた餅はいらない

ちなみに創成会議のレポートで神山町は全国の市町村の中でも消滅可能性が20番目に高い自治体と名指しされている。しかし、杼谷に驚きはなかった。

地方創生戦略策定を担当した、神山町総務課主査（当時）の杼谷学さん（奥の話者）。現在は神山つなぐ公社の代表理事を務める

「僕が役場に入った20年前の人口は8千人台。それが約5千人まで減った。県内でも一番年少人口率が低く、過疎が極まっているのはわかっていました。将来消滅する自治体と言われても、そんな見方もあるかなと思うくらいでした」

クールな印象を持つかもしれないが、杼谷には熱い思いがたぎっていた。

それまで神山町の総合計画は多くの自治体と同様、コンサルタントにつくってもらっていた。しかし、どれも絵に描いた餅で実現しなかった。今回は同じ失敗を絶対に繰り返したくない。そのためには住民とよく話しあい、結果を実現可能な施策に落とし込む必要があると考えていた。しかし、簡単な作業ではない。誰と一緒にやればいいのか。そのとき、

杼谷の頭に1人の男の顔が浮かんだ。

西村佳哲だった。

神山町の移住促進を担うことになったグリーンバレーに「これから町に必要になる職を持つ人を募ってみたらどうですか?」とワーク・イン・レジデンスを提案した男だ。

グリーンバレーのウェブサイト「イン神山」の立ち上げで町と縁ができた西村はその後も神山に通い、2014年4月には妻とともに移住していた。東京にも家を残しているので2拠点居住といった方が正確だろう。

移住後、西村は町のウェブサイトのリニューアルも請け負った。このときの役場の担当が杼谷だった。だから打ちあわせで参加者に発言を促したり、話の流れを整理して、合意を形成する西村の手腕を杼谷は知っていたのだ。

官民連携にうってつけの人

「地方創生戦略を、町とつくれませんか」

杼谷に持ちかけられた西村は、委託業務の入札を経て、一つ条件を出した。ある人の名前を挙げ、「チームに加えてみたい」と言ったのだ。

西村には民間プロジェクトの企画やデザインの実績はあっても、行政機関と四つに組んで自治体の施策を練り上げた経験はない。地方創生戦略づくりに関わるにあたって、自分の不得手な分野を補ってくれる人間がほしかったのだ。

それが後藤太一だった。福岡市で地域づくりを行う「リージョンワークス」という地域デザインの会社を経営する後藤は、東京で生まれ育ち、東京大学工学部卒業後は大手ゼネコン・鹿島建設に入社し、設計部に所属した。

都市計画に関わるようになった後藤は、いい計画を実現するために一番大切なのは、いい図面を引くことだと信じていた。その考えを変えたのは、1995年に起きた阪神淡路大震災だった。後藤は会社から派遣されて震災直後から被災地に調査で入り、後に復興や防災計画の検討に関わった。家や店を失った住民からは行政がつくる防災計画にさまざまな注文がついた。異なる利害を調整し、要望を聴いて落としどころを探る。そんな現場を見るうち、こう考えるようになった。「いい計画を実現するには、いい図面を引くことよりも、関係する住民と向きあい、行政の立場も理解して、プロセスを大事にしながら折りあいをつけたり、しくみをつくったりする方が重要なんじゃないか」。

現在、地域デザイナーになった後藤の真価は、官民連携のプロジェクトでこそ発揮される。その核になる部分は阪神淡路大震災で形づくられたのだ。

1997年から3年間、社費で派遣されたアメリカでその考えは確信に変わる。最初の2年はカリフォルニア大学バークレー校大学院で学び、修了後は全米で最も住みやすい町と言われるオレゴン州ポートランドの都市圏自治体「メトロ」で1年間働き、40年後のポートランドの町の将来像と成長戦略づくりに携わった。

「アメリカの民主主義的なプロセスを目の当たりにする日々でした。産業振興にしても交通計画にしても、現場で行政職員と関係者が徹底的に協議・立案・調整し進めていく。とにかくプロセスを大切にする。それが面白くて自分も地域をデザインする仕事をやっていこうと決めました」

計画が実現するまでマネジメントに関わる
リージョンワークス代表、後藤太一さん

帰国すると国内外の地域づくりに関わり、特に福岡都市圏には心血を注いだ。腰をすえて取り組むため東京から居を移し、2005年には鹿島を辞め、独立してリージョンワークスを立ち上げた。

後藤の仕事が一般的なコンサルタントと違うのは、計画が実現するまでマネジメントに関わる点だ。計画をつくればサヨナラのコン

サルとは違って、絵に描いた餅のような計画をつくれば、自分が大変な思いをする。だから、いい加減な計画はつくらない。そんな後藤は地方創生戦略づくりにうってつけの人間だった。

神山の抱える三つの課題

後藤と西村は、西村がかつて鹿島に勤めていたときからの知りあいだった。西村は4年後輩の後藤によい印象を持っていたし、福岡での活躍も知っていた。だから後藤に声をかけたのだ。

2015年3月、仕事を引き受けるかどうかを決める前に神山町を訪ねた後藤に、大南はこう言った。

「神山町には三つの課題があります。解決するために力を貸してくれませんか」

この時点で大南が戦略づくりに関わることはほぼ決まっていた。三つの課題とは何だったのか。

大南はこう続けた。

「一つ目は、旧住民と移住者がもっとかみあえないかということ。二つ目は官と民の協働です。現状では、町役場とグリーンバレーなど民間がうまくつながれているとは言えません。三つ目が、自分たちグリーンバレーの当初からのメンバーも60歳を超えたので、そろそろ世代交代したい。その三つをやろうと思えば、ドライな目を持ったヨソ者の力が必要になる。だから戦略づくりを

一緒にやってくれませんか」

移住者と旧住民との融合、官民の協働、世代交代……。数年前から焦りを感じながらも解決できなかった課題、神山町が抱える根本的な課題を、地方創生戦略づくりという機会に一挙に解決して神山の未来を開きたい。大南はそう考えていた。

危機感は後藤にも伝わった。

2015年6月、後藤太一も加わって、計8人の地方創生戦略づくりの司令塔となるコアチームが発足する。役場からは町長の後藤正和、担当の杼谷に若手職員3人を加えた計5人。民間からは大南、西村、後藤太一の3人だった。

「異議なし」みたいな会議にしない

まず手をつけたのは、戦略づくりのプロセスを決めることだった。結論から言えば、コアチームが決めたプロセスは、神山町と言わず、役所の計画策定の「常識」を破るものだった。

その中身の話に移る前に、そもそも役所の計画策定の常識とはどんなものかを書いておきたい。神山町の戦略づくりのプロセスと比較してほしいからだ。役所の常識がよくわかる次のような文章がある。

○○町は×日、人口減少対策の指針となる総合戦略（２０１５～19年度）の素案を、町役場で開いた有識者会議の第２回会合で示した。

会議では、委員から「住民の協力も得ながら、観光客誘致に力を入れては」「若者に焦点を当ててほしい」といった意見が出た。

町は△月の次回会合で委員の意見を反映させた最終案を示し、△月中の策定を目指す。

この文章は、県や町の総合計画の策定に有識者代表として何度も関わった経験を下敷きに大南が書いた仮想の新聞記事だ。短い文章だが、役所の計画づくりの特徴を見事に押さえている。

特徴の一つは、戦略の素案は町がつくるということだ。素案への意見を聴くという形で住民代表が関わることになっているが、形式的な住民参加でしかない。もう一つの特徴は、有識者の意見を聞いて多少の微修正はしても、たった3回の会合で最終案を決めてしまう点だ。結論ありきなのだ。

大南はそんな役所の計画づくりに関わるたび、むなしさを感じていた。だから今度の地方創生戦略づくりは違うものにしたいと思ってコアチームの初会合に臨んだ。しかし、心配は無用だった。のっけから西村がこう提案したのだ。

「事務局案を出して『異議なし』みたいな形式的な会議はやめましょう」

ほかのメンバーも思いは同じだった。杼谷は役場の担当になったときに住民たちと徹底的に議論して戦略をつくると決めていた。後藤太一はプロセスを大事にしながら計画をつくりあげていくプロだった。

「団体の会長とか肩書が立派な人たちを集めるのではなく、多様な人たちで考えるべきだ」「将来の町を考えるんだから将来世代を中心にメンバーを集めるべきじゃないか」「自由に意見を言ってもらうならワークショップ形式がいい」

役所に入って5年目。若手職員の代表として杼谷に誘われてコアチームのメンバーになった総務課の馬場達郎は発言をメモしながらワクワクした。

「それまでに経験した役場の計画づくりと何もかも違って刺激的でした。なにより予定調和ではありませんでした」

常識を破る「るつぼ」で議論

議論の末にコアチームが決めた戦略策定のプロセスは、どこが役所の「常識」とはかけ離れていたのか。

地方創生戦略づくりのワークショップ。移住者、もとからの住民、役場職員らが混然一体となったワーキンググループを結成

まず、役場は素案や事務局案を用意しない。戦略は、若手の住民が役場職員と一緒にいちからつくりあげることにした。働き盛りや子育て世代の住民を、意見を聴く対象でなく、役場と協働して戦略をつくる主体と位置づけた。

議論の器も、役所の素案に意見を述べるだけの有識者を集めた協議会や審議会でなく、意見を出しあい話しあえるワークショップ方式を採用した。核となる8人のコアチームとは別に、住民と役場職員の代表、計28人からなるワーキンググループを置いた。その構成も住民、役場職員が14人ずつとし、おおむね40代以下の年齢制限を設けた。一般に役場が集める住民代表といえば、労働者や婦人、高齢者、産業界など各種団体の代表（長）と相場が決まっている。ところが40代以下の年齢制限を設ければ、年配者が多い各種団体の

代表はおのずと対象から外れる。役場側も幹部職員でなく、係長級以下の若手職員に限定したのだ。

では、どうやって住民代表を選んだのか。普通の自治体なら公募するところだろう。だが、神山町はコアチームが選考して一本釣りした。この人、と見込むキーマンに声をかけたのだ。効率的だが、公平・平等を旨とする役所の常識を逸脱している。都会なら「選考基準が不透明だ」と声が挙がるかもしれない。小さな町だから許されることと言えなくもない。

西村はワーキンググループの構成の狙いをこう語る。

「40代以下にしたのは、町の将来をつくってゆく作業なので、将来を自分事として受けとめる世代にしたかった。コアチームも合わせて36人という数にしたのは、参加者が全員の顔を覚えられるくらいの人数にしたかったから。役場と民間、地元で生まれ育った人と移り住んだ人が入り混じるようにして、この人ならという人が選ばれていたと思う。めざしたのは、熱を持つ『るつぼ』をつくることでした」

「ジ・エンド」の危機感を共有

「るつぼ」づくりへと西村を駆り立てたのは強い危機感だった。「この先も役場が変わる機会がなく、時とともに人口が減り、グリーンバレーの高齢化が進めば、この町はジ・エンドだと思っ

ていました。だから昔からいる人と新しく来た人が混じりあい、世代交代が進むなかで、役場の意識も必要な部分は変わっていけるようなプロセスを設計しました」。

ＩＴ企業のサテライトオフィス誘致、移住者の受け入れ、アーティスト・イン・レジデンスによる国際文化交流……。これまで「神山の挑戦」を牽引してきたのは、グリーンバレーに違いない。しかし、一つのＮＰＯだけが目立つ状況は決していいことではない。役場も含めてほかの存在感が薄いことの裏返しだからだ。大南自身が後藤太一に話したように、立ち上げから関わる主要メンバーはみんな60代後半。世代交代は待ったなしだ。ユニークなまちづくりで全国的に注目されながら、いつのまにか音沙汰がなくなってしまった地域を私はいくつも知っている。大半が世代交代に失敗したケースだ。

危機感は、町長の後藤も共有していた。それが如実にわかる文章がある。２０１５年12月にまとまった神山町の地方創生戦略「まちを将来世代につなぐプロジェクト」の巻頭に後藤が寄せた文章だ。

「本策定案にはさまざまなアイデアを記載していますが、『すべてをやり遂げる』という覚悟で取り組まなければ『神山の将来はない』と感じており、検討会議が始まった当初から『今回は実現するための計画である』と断言し、策定作業を進めてきました。」

「実現するための計画」と町長が宣言したことを特筆することに違和感を持つ読者がいるかも

しれない。計画を実現するのは当たり前だろう、と。ところが役所の世界では当たり前ではないのだ。

　かつて市町村は地方自治法で総合計画をつくることが義務づけられ、基本構想は10年程度、その下の総合計画は5年程度で見直すのが一般的だった。２０１1年になって策定の義務づけは廃止されたが、自治体にとって計画は長い間、義務でつくるものであって必要に迫られて自発的につくるものではなかった。となると形骸化は見えている。目的は計画を実現することではなく、計画をつくることにすり替わる。だから実現しない計画ができあがってしまう。もはや役所の習性と言ってもいい。

地方創生戦略を「実現するための計画」
だと宣言した、後藤正和町長

　政府の号令一下始まった地方創生に向けた総合戦略づくりはなおさらだった。自治体の自発的な動きではなく、国からの実質的な強制であり、しかも、わずか1年ほどで策定を求める無茶ぶりだった。自治体が形だけの戦略づくりに走る環境は整っていた。

　だからこそ、町長の後藤が「実現するため

の計画だ」と宣言した意味はとてつもなく大きかった。後藤太一は言う。「コアチームが集まる初会合で、トップである町長が戦略に盛り込まれたものは実行すると約束した。まだ、どんな内容になるかもわからない段階で。本気だという強いメッセージを感じました」。

議論できる頭をつくる

２０１５年7月7日、コアチームが決めたプロセスに沿ってワーキンググループの議論が始まった。28人のワーキンググループのメンバーは多彩だった。

住民代表14人の職業は学校教諭、製材所経営、写真館経営、ＩＴ会社経営、サテライトオフィス社員、地域おこし協力隊員、ＪＡ職員……。役場職員14人は、総務課や健康福祉課、産業観光課、建設課や教育委員会などすべての課から2人ずつ若手職員が指名されていた。

初回のワーキンググループの会合で、進行役の西村はこう呼びかけた。「うまく話さないで構いません。立場にとらわれず、自分事として話してください」。だが、人口減少対策のアイデアをいきなり出してくださいと言われても、出るはずがない。

だから町外からゲストを招いて7月から8月にかけて計3回の勉強会を開いた。西村は狙いをこう説明する。「まず考えたのは、議論できる頭をつくることでした。とりあえず先進事例を聞

いて、『こんなこともできるのか』『こういうことを考えればいいのか』と思考の幅を広げ、イメージを共有してもらうのが勉強会の目的でした」。

勉強会の講師に選んだのは次の3人だ。

1人目は、日本海の隠岐《おき》諸島にある島根県海士町《あまちょう》の「隠岐國学習センター《おきのくにがくしゅうセンター》」のセンター長として人材育成を手がける豊田庄吾。廃校寸前の離島の高校を魅力化して生徒数をV字回復させた。その改革の中心人物の1人だ。

2人目は、岡山県西粟倉村《にしあわくらそん》で「村楽《そんらく》エナジー」という会社を経営する井筒耕平。木質バイオマスで村の温泉施設のエネルギーを賄い、ゲストハウスを運営するなどして地域内でお金を回す「地域内経済循環」のしくみづくりに挑戦している。

もう1人は、徳島県出身でNPO法人「ETIC.（エティック）」（東京）の代表理事、宮城治男。イノベーションを起こす社会起業家の育成に日本でいち早く取り組み、各地の地域再生にも関わっている。

教育、自然エネルギー、地域内経済循環、仕事づくり……。講師3人の顔ぶれと専門分野から、神山町の現状にコアチームがどんな問題意識を持っていたかがうかがえる。コアチームの馬場は当時を振り返る。「廃校寸前の高校の生徒数をV字回復したと聞くと、神山町にある城西《じょうせい》高校神山分校でも何かできるんじゃないかと思えてくる。西粟倉村の話を聞くと、神山の木でも木質バ

イオマスに取り組めそうだという話が出る。勉強会の度に、いろんなことができるんじゃないかと、参加者の雰囲気が変わっていきました」。

突きつけた「なりゆきの未来」

地方創生戦略づくりに向けた議論が始まったのは2015年8月のことだ。

ここで、戦略づくりの前提になっている神山町の人口減少について少し触れておきたい。町の国勢調査人口は1950年の2万1241人をピークに減少の一途を辿り、2010年には6038人になった。かつて町を支えた林業が低迷し、徳島市内や大阪、東京への人口流出が止まらなかったためだ。このまま減少傾向が続くとどうなるのか。コアチームの推計では2040年には2443人、さらに2060年には2010年の5分の1以下に当たる1145人まで減少することが判明した。ただ、移住者が増えている最近の傾向を推計に反映させると、減少のカーブは多少緩やかになる。2060年の推計は1997人だが、それでも2010年の3分の1だ。

しかし、数字だけを見せても住民に実感はわきにくい。そこでコアチームが考えたのが、「なりゆきの未来」を示すことだった。なりゆきを傍観して何も手を打たなければ起きる未来の姿だ。

8月19日に開かれた、ワーキンググループ28人、コアチーム8人が集まる戦略づくりの全体

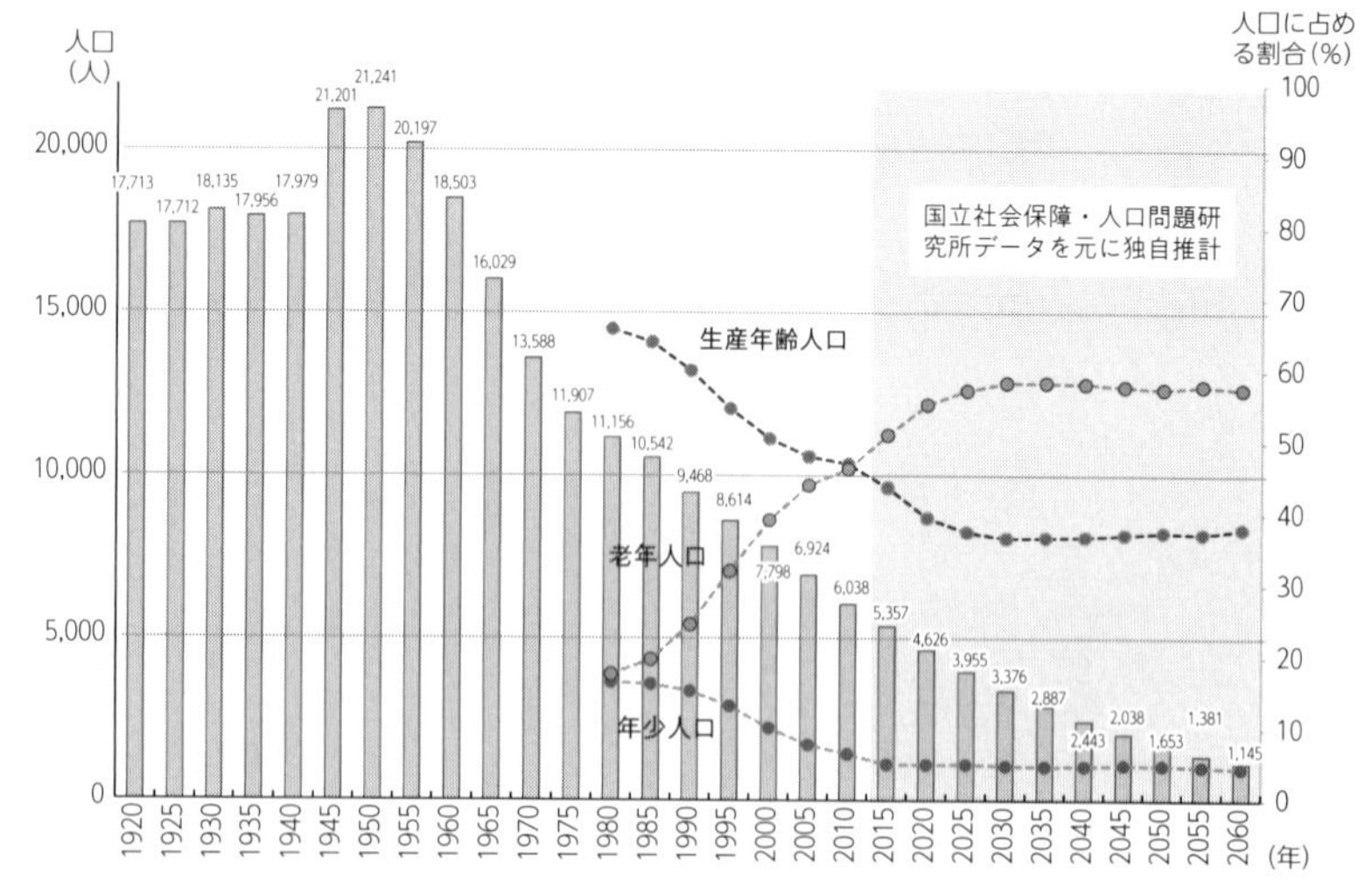

神山町の人口の推移

会で、司会役の西村が語った未来は次のようなものだった。

「2020年ごろに町唯一の高校である城西高校神山分校が廃校になります」

「徳島と神山を結んでいるバスが廃線になります」

「契約する世帯が減ってケーブルテレビ事業も撤退します。そうするとインターネットを使える環境もなくなり、サテライトオフィスも離れてゆきます」

「税収の減少などによって、町財政が逼迫し、町は既存の仕事の維持がやっとで、新たな取り組みは、より難しくなります」

「病院や商店、タクシー会社も廃業になります」

「2040年ごろには最後の中学校と小学校も廃校になり、地域から子どもの姿が消えます」

「継承者の不在により、神山町が先人からつない

できた景観や歴史・文化は失われます」

海士町の取り組みに倣った「なりゆきの未来」は、人口減少という「数の話」が自分たちの暮らしに何をもたらし、不便になるかを手にとるようにわからせてくれた。参加者の頭の中で未来のイメージが膨らんだころを見計らって、コアチームは人口減少のグラフを突きつけた。

杼谷や馬場とともに人口推計をはじいた後藤太一は、こう説明する。「人口減少をどれだけリアルに自分事として受けとめてもらうかが、地に足が着いた議論をするために必要でした。なりゆきの未来を想像してもらった効果はあったと思います」。

いきなりアイデアや意見を求められても議論にならない。まず議論できる頭をつくるためにゲストを招いて勉強会を開く。そして人口減少を自分事として受けとめてもらうためになりゆきの未来を示して起きるであろう近未来を想像してもらう。見事な流れをコアチームはつくりだしたのだ。

学校存続に必要な人口の適正規模

なりゆきの未来にしないために何をすればいいのか。コアチームが設定した目標は、毎年子どもを含む44人の転入者（Uターンを含む）を迎え入れることだった。

44人という目標は、神山町にある二つの小学校が将来も複式学級にならないように維持するために必要な人数だ。毎年44人の転入者を受け入れれば、２０６０年の総人口は、何もしない場合より２０５５人ほど多い約３２００人が維持でき、その後は均衡した状態になる。それだけの転入者を受け入れれば、小学校を存続できるだけでなく、生活インフラも維持でき、町の財政も何とか回る。なりゆきの未来で示したような事態にならないというのだ。

自治体が人口の適正規模をどう設定するのかについて、決まった算式があるわけではない。最低でも、どのくらいの人口で下げ止まってほしいのか。目標とする人口は自治体のさじ加減で決まる。しかし、神山町では、小学校の存続を前提に目標人口を逆算した。この神山町の手法は過疎地域のモデルになりうる。学校存続は過疎地域の住民にとって最も切実な願いだからだ。

では、住み続けたい、Ｕターンしたい、移り住みたいと思わせる魅力のある町にするために何をすればいいのか。それが、戦略づくりのテーマになった。８月に始まった全体会は毎回、午後6時に始まり、コーヒーブレークをはさんで午後9時まで、みっちり3時間、話しあった。

毎回、コアチームがお題を次々と投げかけた。

「神山の魅力は何か?」「町に足りないものは?」「何があればいい?」「どんな人に神山に来てもらいたい?」「どんな町にしたい?」

１人１人にマイクを回して30秒間で考えを述べてもらったり、４～５人のグループで議論した

り、ミーティングの最後には必ず紙を配ってそれぞれの思いや考えが共有できるようにしたり。初めは戸惑っていた住民から次々とアイデアが出始めた。なかなか戸惑いから抜けだせなかったのは役場職員の方だった。

考えなくなっている自分に気づいた役場職員

その1人、ワーキンググループのメンバーになった教育委員会主事の駒形良介は議論の中で「考えなくなっている自分」に気づかされたと言う。

「役所にいると、町民の意見を吸い取って、それに応じてサービスを提供するのが仕事なので、自分が何をやりたいか、なんて求められない。会議でも、立場でものを言うので自分個人の思いを話すことなんて、ほとんどない。人間って言葉にする行為、発話をしないと、だんだん考えなくなるんですね。だから戦略づくりの会合で、いきなり自分の意見を求められてもすっと出てこない。自分が、いつのまにか考えない人間になっていたんだと気づいて愕然としました」

そんな雰囲気はコアチームの西村も感じていた。

「オフィスに訪ねてきた人がいても誰も顔を上げない会社ってありますよね。誰かが声をかけるだろうと、みんなが下を向いて仕事をしている。神山町の役場にもそんな職員さんの姿があっ

た。仕事はできているのかもしれないけど、好奇心や、関心や、感情がちょっと動きにくくなっている感じがしたんですね。

でも職員さんが悪いというつもりはありません。後から学んだことですけど、どこの市町村も、少ない人数でたくさんの仕事を強いられる圧力のなかで、なぜこの仕事が必要なのか、本当はどうしたらいいかということを考える余裕を持てずに、ただ働かざるをえない状況があるように見えたんです」

かたや神山町では、グリーンバレーがアーティスト・イン・レジデンスなどの企画に挑戦し、そんな町に可能性を感じて町外から移り住む人が増えている。発信するグリーンバレー、共振する移住者の双方に共通しているのは、好奇心とチャレンジ精神だろう。西村には、そうした動きと役場がうまく連動していないように見えた。

「民間の方が元気で行政が後をついていくという状態は、僕は基本的に健全なことだと思っています。でも、職員が好奇心や関心の育て方がわからないまま働き続けていたら、グリーンバレーやほかの民間がいくら頑張っても、役場がついていけないし、機能できない未来しか見えない。何とか両者をつなげればと、若い職員を引っ張りだして、面白い住民とかきまぜてみたいと思ったわけです」

だからワーキンググループという「るつぼ」の中で住民たちと混ざり、濃密に議論してもらっ

た。その体験は職員たちを変えたのだろうか。

駒形は、「まず役場と住民の距離感が変わった気がする」と話す。ワークショップを通して、住民や同僚の職員が何を考え、どんな技能があるかを一気に知ることができ、距離が近づいた気がしたというのだ。「それに毎回の会合は、考えるトレーニングになりました。おかげで、この仕事が町にとってどんな意味があるのか、と考えるようになりました。この先も忘れずにいたいと思っています」。

ただ、杼谷はこう話す。「役場全体が変わったかと言われると、そこまではいっていないと思います。ワーキンググループのメンバーになった職員の中でも、その後、戦略づくりから生まれたプロジェクトに深く関わっている人、仕事の延長として関わっている人もいるけど、あまり関わっていない人もいる。これから真価が問われるというのが本当のところじゃないでしょうか」。

「公社」という実働部隊

ワーキンググループとコアチームが集まる全体会では、魅力のある町にするためにはどうすればいいかを話しあうなかでさまざまな課題やアイデアが出た。会議の終わりには毎回、全員にアイデアを紙に書いてもらった。コアチームはそのアイデアを分類し、チームとしての考えを盛り

込んだうえで、「すまいづくり」「育つ・学ぶ」「食べる」「エネルギー」「泊まる」「届ける」「仕事づくり」という七つの領域に分類し、9月14日に開いた7回目の全体会で発表した。

進行役を務める西村は会場にこう呼びかけた。

「それぞれの領域ごとに公社をつくって事業を進めると仮定して、自分がやってみたいこと、あるいは応援してみたいプロジェクトを一つ選んでください。3人以上集まったらチームが成立したとみなし、施策づくりを深めてみましょう」

全員が一つの「お題」について意見を出しあう段階を経て、この日からプロジェクトごとに分かれたチームが個別の施策づくりに入っていくのだが、西村の話に突然出てきた「公社」とは何なのだろう。

ここでいう公社とは公共の目的のために国や自治体が出資するなどして設立する公共企業のことだ。コアチームは6月の発足直後から戦略を実現する実動部隊をどうするか検討し、辿りついた結論が公社だった。まだ戦略も固まっていない段階で、実行の枠組みを構想し始めていたことに本気度を感じる。

どうして公社なのか。提案した後藤太一は「継続的に官と民が連携するしくみをつくりたかった」と言う。地方創生戦略にどんな施策が盛り込まれたとしても、実現には官と民の連携、協働が欠かせない。しかも長い時間がかかる。今の町長が民間との連携に理解があっても、いずれ町

長は替わるかもしれない。

「だから属人的な関係に依存するのでなく、官と民が連携するしくみをつくっておく必要があると考えました。それも任意団体ではダメ。事業をするには法人格を持つ団体の方がいい。それで公社を提案しました」

役所サイドから見ても理に適っていると杼谷は言う。「役所は単年度の予算主義という縛りがあって前年の12月には計画を固め、3月議会で承認も得なければいけない。新しいことを始めるときに、民間のように臨機応変に対応しようとしても融通がきかない。財源は補助金で保証しながら、自由度が高い民間の長所も発揮できる官と民の中間のような外部団体が必要でした」。

役場を辞めてみませんか？

七つの領域のプロジェクトチームに分かれるように呼びかけた進行役の西村は、続けてとんでもないことを口にした。

「もしプロジェクトチームでやってみたいことが見つかったら、職員の皆さん、役場を辞めてみませんか？　役場を辞めて地域の未来をつくる民間の事業に身を投じる。全国にはそんな行政マンが結構いますよ」

役場が主宰する会議の場で、職員に役場を辞めるよう呼びかける。そんな話は聞いたことがない。西村は、こう続けた。

「辞めないにしても、あのプロジェクトを支えたいから教育委員会に移ってみたいとか、自分から人事の希望を出してみませんか？　意志を伴う異動のチャンスです。町長、もし誰かが示してきたら考慮しますよね？」

事前に打ちあわせたやりとりではなかったが、会場で町長の後藤がうなずくのを見やった西村は、今度は住民に呼びかけた。

「仕事そのものを変えたり、そのステージを上げたりする機会の到来です。人生を変えてみませんか？」

会場は、水を打ったような静けさに包まれた。どう受けとめればいいのか、戸惑ったのだ。西村の真意はどこにあったのか。実は全体会に先立つコアチームの議論で「一人称で私がやると言う人がいないプロジェクトは戦略に書き込まない」ことを合意していたのだ。主張したのは後藤太一だった。

「私があちこちの地域づくりの実践から学んだのは、プロジェクトを進めるときに大事なのは一に担い手、二に担い手だということです。自分事として、このプロジェクトは私がやりますという意欲と力がある人がいなければ、どんなにいい戦略を立てても実現しません。これまでも計

画段階から必ず担い手を紐づけるように設計してきたし、神山町でもそうしたわけです」

「自分は関わらないけど、誰かがやってくれるだろう」というアイデアがいくら集まっても何も実現しない。だからチームが始動する前の段階で「自分事」のギアをもう一段上げる必要があるとコアチームは考えた。そのための呼びかけだったのだ。

地方創生の総合戦略を住民と策定した自治体は、全国的に見れば神山町だけではない。しかし、住民に実行の段階まで関わることを求めたり、職員に「役場を辞めてでも」と聞いたりはしない。しかも3週間後、実際にそんな職員や住民が手を挙げるのだから、やはり神山町は面白い。

自分事にする、町が変わる

テーマごとにチーム分けされたワーキンググループのメンバーたちは3週間の施策づくりの協働作業を経て、10月5日の全体会で次々と検討結果を発表した。いくつかを紹介する。

子育て世代を中心とした集合住宅の開発、古民家のリノベーション、保育園から小中高校までが連携した地域教育を実現する教育コーディネーターの設置、役場から始める地域内経済循環、木質バイオマスの活用を通じたエネルギーの地産地消、地域の営農と食文化を進化させる農業生産法人「フードハブ」の設立、ＩＴ技術を活かした鳥獣害対策……。

役場を辞めてでもフードハブに関わりたいと宣言した、神山町産業観光課主事(当時)の白桃薫さん。現在は神山つなぐ公社のスタッフとして、フードハブ・プロジェクトを支える

発表会では、施策を発表したメンバーに、実現にどう関与していくかも表明してもらった。その場で「食べる」チームに所属していた産業観光課主事（当時）の白桃薫はこう発言してみんなを驚かせた。

「家族と相談もしていないけど、できるなら今の立場でやりたい。もし、それができないなら、役場を辞め、個人的にでもフードハブに関わりたい」

力強い宣言だった。フードハブについては6章で詳しく紹介するが、現在、神山町の農業の未来をかけたプロジェクトに成長している。

ほかの職員からも「教育委員会に移って、教育プロジェクトに関わりたい」など異動を伴う希望が飛びだした。そして住民から

も「自分も戦略の実現に関わっていきたい」という声が相次いだのだ。

「自分がやる」という発言を会場で聞いた大南は感動で心が震えた。

「町が変わると確信したのはあのときでしたね。ここまで自分事として町のことを考えてくれとったんかと思いました。あの発表会は忘れられんですね」

町長の後藤も白桃の発言に驚いた。安定した公務員の職を辞してでも、という職員が出てくるとは予想していなかったからだ。「彼だって農業再生のために役場を辞めるなんて初めは考えていなかったでしょう。それがワーキンググループに入って変わっていった。頼もしさを感じました」。

可能性があるところに人は集まる

ワーキンググループの議論開始から5カ月後の12月25日、神山町の地方創生戦略「まちを将来世代につなぐプロジェクト」が最終的にまとまった。

戦略づくりの議論から生まれ、発表会でも報告された計24本のプロジェクトが採用されているのだが、目を見張るのは、戦略の構成の巧みさだ。

まず、戦略はこう規定している。

人が移り住んできたり、戻ってきたり、暮らし続けてゆくことを選択する背景には、その地域

に「可能性が感じられる」なんらかの状況が存在する。つまり人は「可能性が感じられる場に集まる」と規定したのだ。

そのうえで可能性が感じられる町の要素をこう分析している。

人がいる／いい住居がある／よい学校と教育がある／いきいきと働ける／富や資源が流出していない／安全性がある／関係が豊かで開かれている

そんな地域をつくっていくために戦略は、「すまいづくり」「ひとづくり」「しごとづくり」「循環の仕組みづくり」など七つの分野を設けている。その下に24本のプロジェクトがぶら下がっている。具体的なプロジェクトの話は6章以降で詳しく紹介したい。

さらに、神山町の戦略がほかの自治体と決定的に違うのは、戦略実現のための実施体制にまで踏み込んでいる点だ。これについては次章で紹介したい。

最大の成果は人々を本気にさせるプロセス

地方創生戦略づくりを振り返って、大南がこんなことを話したことがある。

「形になったものも出てきたけど、戦略が実現するかどうかはこれからです。でも策定のプロセスだけでも、神山は十分にもとを取っています。プロセスがそれだけの価値を持っていると思

います」

町長の後藤からも同じような話を聞いた。

「西村さんや後藤（太一）さんが触媒みたいになって化学反応を起こしてくれた。人と人を結びつけ、若い人たちをその気にさせてくれた。施策だけでなく、担い手まで紐づけてくれたのは本当に大きい成果でした」

私も神山町の地方創生戦略づくりの軌跡を辿る過程で、プロセスの重要さについて何度も考えさせられた。結果を出すためにプロセスがあるのではなく、丁寧なプロセスにこそ意味があるのではないかと思ったのだ。

住民や役場職員が、町の課題の解決を自分事として考え、プロジェクトの実現にも主体的に関わる。西村や後藤太一らがめざし、住民や役場職員たちを連れていこうとした場所は、住民自治の理念が実現した理想郷のように思える。

5章　官民連携の実動部隊——神山つなぐ公社

もとからの住民と移住者、民間と町役場とが一体となって地方創生に向けた戦略を策定した神山町では2016年になると、戦略を実現するためのプロジェクトが一斉に動き始めた。

その動きを伝える、これ以降の章には、これまで出てこなかった住民たちが大勢登場する。それはとりもなおさず、まちづくりに関わるプレイヤーが画期的に増え、すそ野が広がったことを意味している。新たなステージに移った町で何が起きているのか、現在進行形の神山をお伝えする。

戦略を実現させるチーム編成

地方創生戦略づくりで最も重視したのは「実現させる計画であること」。それを担保するために戦略では二つのしくみを設けている。「神山つなぐ公社」と「神山つなぐ会議」だ。

コアチームの議論から生まれた公社という実行部隊は2016年4月、町が1000万円を出資して設立した一般社団法人「神山つなぐ公社」に結実した。といっても公社がすべてのプロジェクトの主体になるわけではない。民間が中心になるプロジェクトでは役場とのつなぎ役となって支援に回る。

つなぐ公社は、行政ではなしえない柔軟な発想や手法で、必要な施策を迅速に手がけていくための民間組織。かたや役場の各課長・課長補佐で横断的に構成するつなぐ会議は、つなぐ公社と

神山つなぐ公社の設立当時のメンバー。左から代表理事の杼谷学さん、大南信也さん、森山円香さん、赤尾苑香さん、友川綾子さん、山口純一さん、白桃薫さん、後藤太一さん、高田友美さん、西村佳哲さん

隔週でミーティングを持ち、連携・協働するための行政組織だ。「つなぐ」には、将来世代につなぐという目的以外に、行政と民間、町内と町外、異なる領域をつなぐという意味がこめられている。

公社の理事は、町職員として戦略づくりを担当した杼谷学、グリーンバレーの大南信也、後藤太一、西村佳哲の4人で、全員が戦略づくりのコアチームのメンバーだった。代表理事には役場から出向した杼谷が就任。監事には役場を定年退職した山口純一が就いた。

スタッフ5人には、ユニークな顔ぶれが揃った。男性は役場から出向してきた白桃薫だけ。ワーキンググループの一員で、「役場を辞めてでもフードハブに関わりたい」と宣言して周囲を驚かせた男だ。「のうぎょう」担当の白桃の

話は次章で詳しく紹介したい。ほかの4人は20~30代の女性だ。「すまいづくり」担当の赤尾苑《その》香《か》と高田友美、「つたえる」担当の友川綾子、「ひとづくり」担当の森山円香《まどか》だ。

神山の建築士に届いた一通のメール

公社の女性スタッフの中でただ1人、神山町で生まれ育った赤尾苑香は一級建築士だ。自宅で開業したばかりの建築設計事務所をわざわざ休業してスタッフになった。

きっかけは2015年暮れ、赤尾に届いた一通のメールだった。差出人は西村佳哲。ちょうど地方創生戦略がまとまった時期に当たる。

メールには、神山町が来年4月から集合住宅の開発と民家改修のプロジェクトを始めること、隣村の建築家から赤尾を紹介されたことが書いてあった。そして「まず一度会いませんか」「今までしてきた仕事の写真があれば持ってきてください」と綴られていた。だから赤尾は、てっきり集合住宅や民家改修の部分的な設計の仕事をもらえるものと思っていた。

顔合わせの日。赤尾を待っていたのは西村と杼谷学の2人。早速、杼谷が地方創生戦略の話を始めた。

このままだと、町の人口がどんどん減って神山町がなくなってしまいかねないこと。だから地

左から、神山つなぐ公社のひとづくり担当の森山さん、すまいづくり担当の高田さん、赤尾さん、つたえる担当の友川さん

方創生の戦略をみんなでつくったこと。そのなかには移住者や住民が入居する集合住宅の建設や、空き家改修のプロジェクトが含まれていること。そして戦略を実現させるために来年春に公社をつくることを説明したうえで、2人はこう切りだした。

「設計事務所の仕事を続けながら委託という形で公社に関わっていただくか、事務所の方を3年間休業して公社のスタッフとしてどっぷりと関わるか、いずれかの形で一緒に仕事をしませんか」

しかし、普通に考えて公社スタッフになるというのは、ありえない選択肢だろう。勤めていた徳島市内の設計事務所から独立し、「その建築設計工房」という名前の事務所を自宅で開業して7カ月しか経っていない。事務所がようやく軌道に乗り、さあこれからという時期だったのだ。

住民だけど町のことを知らない

ところが、公社スタッフの話を受けるか否かで赤尾の心が揺れたというのだから、人の心はわからない。なぜ、赤尾が町に関わりたいと考えたのか。私の質問に、赤尾は「広野で生まれ育ったせいもあるかもしれません」と話した。

「徳島市の知りあいに『神山にしゃれた移住者の店ができたんだって？』と聞かれても知らなくて、反対に教えてもらったりして……。新しい動きはマスコミを通じて耳に入ってきますけど、自分のあずかり知らないところで町が変わっていくことに、さみしさも感じていました」

赤尾が住む広野は、町役場や中学校がある町の中心部・神領《じんりょう》から北西に10キロほど離れている。近いようだが、間に険しい山があるため、車でも山あいの道を走って15分ほどかかる。鮎喰川の下流に位置する広野は徳島市と隣接し、住民は役場に用事でもなければ上流の神領まで足を運ぶことはない。サテライトオフィスや移住者が開いた店はほとんどが神領に集中している。だから赤尾にとっては、よその町の話のような感覚だったのだ。

「町民でありながら神山のことをまったく知らずに暮らしてきたけれど、建築士として神山で仕事をするなら、もっと自分の町に関わった方がいいんじゃないか、そう考えていたときにいた

だいたお話だったんです」
こうして公社の設立を待たず、赤尾は「すまいづくり」担当として2016年1月から関わり始めた。

いろんな人が何かを始めようとしている町

赤尾とともに「すまいづくり」を担当しているのが高田友美だ。神山に来るまで滋賀大学の特任教員だった。大学生を現実の社会とつなぎ、就業力を向上させるキャリアデザイン系の授業を担当していた。

そもそも静岡県出身の高田は、大学生のときに1年間留学したイギリスで環境問題にめざめ、帰国後も大学院で国際環境協力を専攻。アフリカのザンビアなど発展途上国に何度も足を運ぶうち、地域にある資源を見つけて発展の道を探り、持続可能なコミュニティをつくることに面白さを感じるようになった。

大学院修了後は、滋賀県の建設会社へ入社。持続可能なまちづくりを実践する会社で高田はエコビレッジをつくるプロジェクトに携わった後、特任教員になった。そして教員の契約満了を控えた2016年1月、その後の進路を迷っていた高田の頭に浮かんだのが、神山町にいる知りあいの西

村佳哲だった。

早速、西村にメールを送ると、2月下旬に「3DAYSミーティング」というイベントが神山であると知らされた。つなぐ公社などが主催する3日間の人材募集の合宿イベントだった。


役場職員が地方創生戦略や、どんな人材がほしいかを説明し、参加者は神山町を知るために自分の足で町を歩き、自分が神山で何ができそうかをPRする。雇用する側とされる側がとことん話しあう。戦略づくりで見られたプロセス重視の姿勢は人材募集でも徹底されていた。

高田はこのミーティングに参加したことがきっかけで公社に入るのだが、神山の何がひきつけたのか。高田はこう話す。

「大南さんや白桃さん、それに、もともと知りあいだったオニヴァの長谷川さんたち。いろんな人が何かを始めようとしている町だな、この町ならこれまでの経験を活かして面白いことができそうだな、と思えたからかな」

地方から日本が変わる現実を見たい

タンポポの種子がフワリと舞い落ちるように「3DAYSミーティング」で神山に着地したもう1人が、東京でフリーランスのライターをしていた友川綾子だ。

東京でアートギャラリーや芸術文化施設のスタッフとして勤務した後、２０１０年にライターとして独立。現代アートを専門領域とする書き手として雑誌に寄稿したり、アートプロジェクトの企画運営に携わったりしていた。

アートの仕事をするなかで、アーティストには物事にとらわれず、フラットな考えをする人が多いと友川は思うようになった。そんな彼らが「住みやすい、いいところだ」と言う町に悪い町はないと信じている。

その意味で、早くからアーティスト・イン・レジデンスに取り組み、アーティストからの評価も高い神山町には関心を持っていた。３ＤＡＹＳミーティングに参加したのは、神山町を訪れる格好の機会だと思ったからだが、実際に来てみて、現代アートを違和感なく語る年配者が多いことに驚いた。

「グリーンバレーの岩丸さんや森さん、佐藤さんもそうですけど、あの年配の人でインスタレーションという言葉がスッと出てくる人は東京でもそうはいません。アートからまちづくりが始まった町なので、精神が柔らかいというか、話していてすごく楽だったのが嬉しかった。ミーティングで聞いた地方創生戦略の話にもワクワクして、この町で日本が地方から変わっていく現実を見てみたいと思いました」

公社で「つたえる」担当になった友川は、広報の仕事のほか、つなぐ公社と共同運営すること

になったグリーンバレーのウェブサイト「イン神山」の編集、掲載する記事の取材や、住民が町を巡る「バスツアー」などを担当する（9章参照）。

熱量の高い海士町で学んだ、これからの教育

公社スタッフ5人の最後は、「ひとづくり」担当の森山円香だ。教育プロジェクト全般を担っている。岡山市出身で九州大学法学部に進んだ森山が教育に興味を持つきっかけは、大学時代に読んだ1冊の本だった。島根県海士町にある離島の県立高校を魅力化し、廃校寸前だった高校の入学者数をV字回復させた岩本悠が大学時代に出した『流学日記』だ。

大学を1年休学し、アジア・アフリカ20カ国でNGOや国連などの開発援助活動に従事した経験と思索を綴った本だ。教職をめざしていた岩本は、この本の印税などでアフガニスタンに学校を建設。卒業後はソニーに入社し、人材教育などに携わりながらボランティアで学校や大学での出前授業に取り組んでいた。

「こういう人が教員をめざすのか、夢のある仕事かもしれないと思って、教育に関心を持つようになりました」

その岩本がソニーを辞職して海士町に移り住み、離島の高校再生に取り組んでいると知った森

山は海士町に押しかけていった。2010年春のことだ。当時、森山は大学で教職課程をとるだけで先生になっていいものか悩んでいた。自分の芯になるものを求めていたのだ。

1週間ほど滞在して九州に戻った森山は大学を休学して、再び同年秋から翌年春までの約半年間を海士町で過ごした。海士町など島前《どうぜん》地域3町村が離島の生徒たちに学習の機会を広げようと設けた公営塾「隠岐國《おきのくに》学習センター」でインターンとして働いたのだ。

「とにかく熱量の高い大人たちがたくさんいる町でした。高校魅力化の先頭に立っている町長や役場の課長級の人たち、岩ガキを特産にしようと取り組んでいる人。いろんなプロフェッショナルに出会えた海士町での体験は新鮮でした。

偏差値の高い大学に行って大企業に入るというルートから外れた生き方をしている人たちがカッコよく見えて、自分もこういう生き方をしたいと思ったし、教員にならなくても教育に携わる道はあるとわかりました」

島での暮らしでは、こんなことも考えたと言う。

「小さな島なので、町の営みの全体が見えやすい。あの人がイカを釣ってきて、あの人が加工して、という暮らしの循環が見えてきて、社会はこんな風に人々が手づくりしてできているんだと実感しました」

海士町でのインターンを終えて大学に戻った森山は卒業後の進路を探すなかで、教育格差をな

くすために活動する「Teach For Japan（ティーチフォージャパン、TFJ）」というNPOに興味を持った。経済的支援を受けるなど厳しい環境におかれた子どもたちが大半を占める教育困難校での教員を志願する若者に研修を施して送り込む活動をするNPOだった。アメリカに「Teach For America（ティーチフォーアメリカ、TFA）」という団体があり、その日本版であるTFJの活動は当時始まったばかりだった。

しかし、子どもの意欲を引きだし、学力を上げ、子どもたちの未来を切りひらく理念に共感した森山は、上京して代表にかけあい、大学生をしながらTFJの九州支部をたった1人で立ち上げてしまう。その思い切りのよさと抜群の行動力には驚かされる。

留学してやりたかったことが目の前に現れた

大学卒業後、2年間をTFJで過ごした森山は2015年夏、イギリス留学をめざすためにTFJを退職した。その準備として地域づくりのコンサルタント業務を学ぼうと福岡にある後藤太一の会社「リージョンワークス」に非常勤で働くようになったことが神山との縁を結ぶ。ちょうど後藤が関わる神山町の地方創生戦略づくりが佳境を迎えたころだ。森山は後藤のアシスタントとして2015年9月に初めて神山町に足を踏み入れた。

「ワーキンググループの人たちが、それぞれ興味のあるテーマごとに分かれてプロジェクトを出しあっていた時期でした。人口減少などの課題はあっても、変わっていこうよ、とみんなが前を向いていて、その熱量がすごかった。しかも楽しみながらやっていることが伝わってきました」

神山通いは続いたが、戦略ができあがれば、神山町との関係もそれで終わるはずだった。イギリス留学が待っていたのだ。ところが10月に入ると、コアチームの話しあいの焦点は、戦略をどう実現していくかに移っていく。官民連携の地域公社が必要だという話のなかで、西村がその場にいた森山に声をかけた。

「森山さんみたいな人がいてくれたらいいんだけど、一緒に働かない？」

森山は思いもかけない言葉に戸惑い、考え込んだ。

イギリスに留学して公共政策を学んで最終的に自分がやりたいことって何なのだろう？　自分に問いかけ、森山は結局、留学を取りやめて公社で3年間働く道を選んだ。

「自分は歴史や文化、自然を感じられるところで、地に足をつけて、若者の社会参画や地域教育に取り組みたいんだと気づいたんですね。留学して最終的にやりたかったことが、突然目の前に現れた。ただ、公社で働いてみようと決断したときは、教育プロジェクトを担当することは決まっていなくて、行政と民間の力をかけあわせた公社というしくみや、公益性の高いプロジェクトを生みだしていくことに関心があって決断しました」

神山に流れる可能性を感じさせる空気

スタッフ紹介が思いのほか長くなってしまったが、地方創生戦略づくり以降の神山町を包んでいる何かが始まりそうな雰囲気を感じてもらえただろうか。

彼女たちは言った。

「いろんな人が何かを始めようとしている町」

「この町で日本が地方から変わっていく現実を見てみたい」

「変わっていこうよ、と前を向いている。その熱量がすごかった」

さまざまなキャリアを積み、人生を選びとってきた彼女たちに「ここなら自分がやりたいことができるかもしれない」と可能性を感じさせる。そんなポジティブな空気が、神山町には流れている。そして彼女たちが加わってスタートした、つなぐ公社がエンジンとなって進むプロジェクトの話を次章から紹介したい。

6章　農業の未来をつくる
——フードハブ・プロジェクト

つなぐ公社のスタッフが関わるプロジェクトの中で、先頭を走っているのがフードハブ・プロジェクトだ。公社の設立と同じ２０１６年4月、早くも事業主体の会社「フードハブ・プロジェクト」（以下、フードハブ）が立ち上がっている。資本金は９９９万円。うち67％は東京に本社を置き、神山町にサテライトオフィスを構えるＩＴ企業「モノサス」が出資。残りの30％を神山町、３％をつなぐ公社が出資して官民で立ち上げた会社だ。社長はモノサスの社長、林隆宏が務めている。

会社設立から11カ月後の２０１７年3月には、フードハブが運営する食堂「かま屋」と、パンや食品雑貨を販売する「かまパン＆ストア」が神領《じんりょう》の国道沿いにオープンした。

「地産地食」を進める会社

しかし、「フードハブは、ただ食堂、パン屋、直売所を経営する会社ではありません」と、モノサスのプロデュース部長で、フードハブの最高執行責任者として現場の一切を任されている支配人の真鍋太一は言う。

「私たちの会社は、一言で言えば『地産地食』を進める農業の会社です。神山で育てた食材を神山で料理して提供する。小さくても、そんな循環を町につくることで、神山の農業を次世代に

つなぐためにつくった会社です」

神山の農業を次世代につなぐ会社とは、いったいどんな会社なのか。

「かま屋」と「かまパン&ストア」は「地産地食」の拠点だ。ここで使われる米や野菜などの食材は、耕作放棄地などを借りた自社農園で可能な限り栽培している（6頁写真）。自社農園だけで賄えない食材は地域の農業グループなどと連携して調達し、中山間地域の特徴である少量多品目の農業を後押ししている。町内でお金を回す地域内経済循環の取り組みでもある。

自社農園は農業の担い手を育成する場でもある。神山で農業をやりたい人を募集し、2年間の研修を通して有機、特別栽培（化学肥料不使用）の米、野菜、果樹、ハーブなどの栽培を学ぶ。研修後に町内で就農をめざす人には農地の斡旋などを役場と連携してサポートする。

もう一つ、フードハブが力を入れている事業の柱が「食育」だ。地域の小学生と田植えから草取り、稲刈りをしたり、城西《じょうせい》高校神山分校の生徒と新たなメニューを開発したり、生活改善グループの主婦と料理教室を開いたりして、食を通じて地域や学校をつなぐ役割を果たしている。

地産地食、耕作放棄地の再生、担い手育成、そして食育。そんな事業を展開するフードハブは何をめざしているのか。真鍋はこう説明する。

「神山の農業者の平均年齢は71歳を超えています。担い手の不足による耕作放棄地は増える一方で、農環境の悪化による鳥獣被害も増加しています。そんな状況にある神山の農業を支えるし

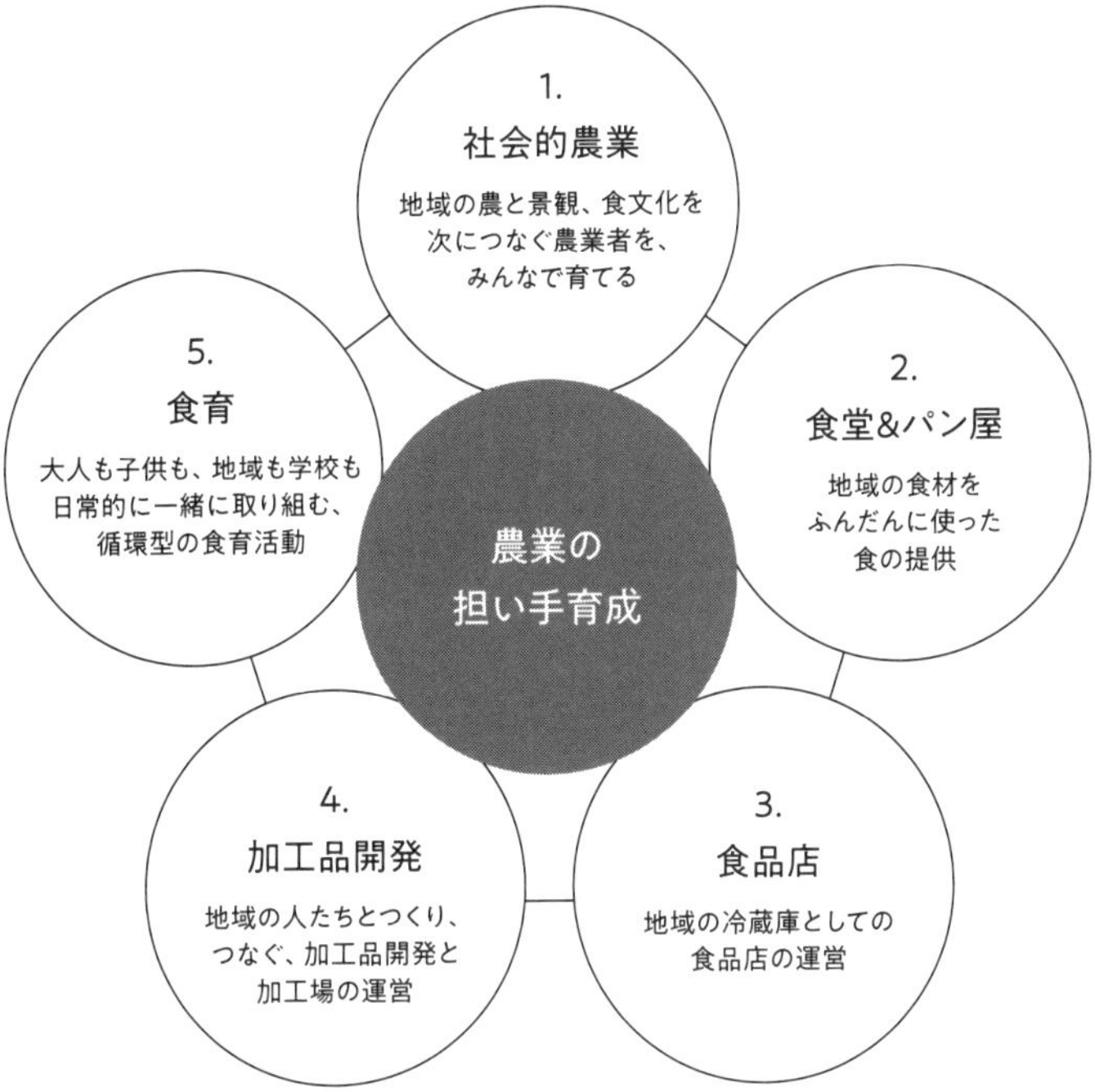

フードハブ・プロジェクトの五つの取り組み

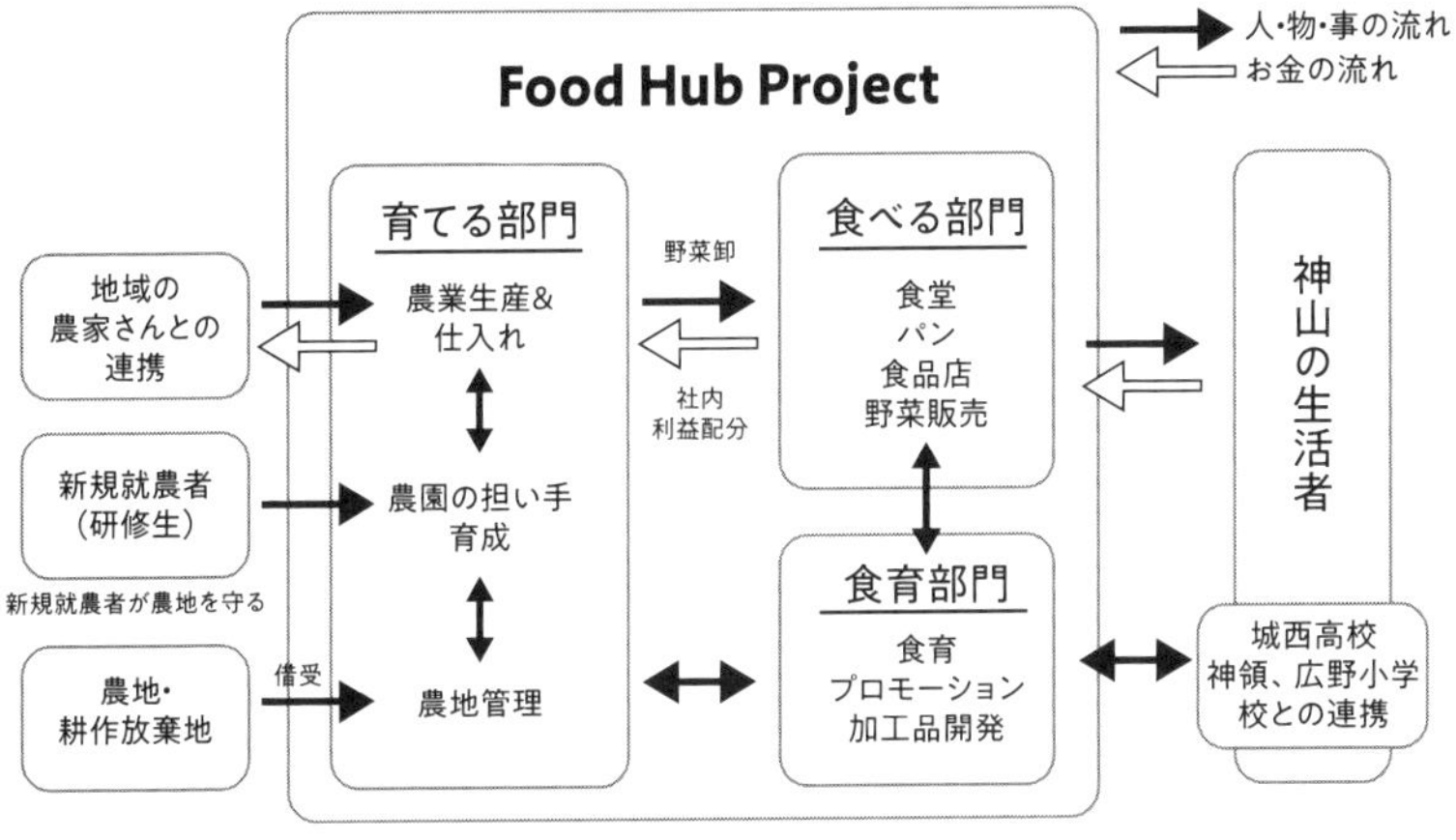

フードハブ・プロジェクトの三つの部門と人・物・事・お金の流れ

くみとしてつくったのがフードハブです。僕たちは活動のテーマを、育てる、つくる、食べる、つなぐ、と表現しています」

自分を幸せにするものさしを持つ

フードハブ・プロジェクトは、町の地方創生戦略づくりのワーキンググループで２人の男が出会わなければ生まれなかった。１人は真鍋。そしてもう１人が、当時は町の産業観光課主事をしていた白桃薫だ。

真鍋は愛媛県で生まれ育った。高校生のとき、交換留学でアメリカ・アイオワ州に1年留学したのが縁で、大学はアイオワ大学に入学。卒業すると帰国し、システムコンサルティング会社や広告制作のベンチャー企業で働いた後、２０１２年夏、高校の同級生である林が社長を務めるＩＴ企業「モノサス」に入った。

このモノサスという会社も少々変わっている。従業員は70人ほど。マーケティングコンサルティングやウェブデザイン、コーディングなどを業務としているが、会社の名前には、幸せになるために、それぞれが自分の「ものさし」を持ってほしいという思いがこめられている。

そんな理念で設立されたモノサスは、本業と重ならない限り、社員の個人的な社外活動を奨励

元電機工場をリノベーションしたかま屋とフードハブ・プロジェクトのメンバー。後列左端が支配人の真鍋太一さん、前列右端が農業長の白桃薫さん

している。プロのバンド活動を続けて全国ツアーをしている社員もいれば、週末にギャラリーを経営する社員もいる。真鍋が畑違いにも思える「食」に関わるようになったのも、そうした個人的な活動がきっかけだった。

真鍋が、東京で小さなレストランを経営する知りあいの料理人たちと「Nomadic Kitchen（ノマディック・キッチン）」という食のプロジェクトを始めたのはモノサス入社の年だ。全国のさまざまな地域を料理人と訪ね、地域の食材のつくり手である農家や漁師とワークショップ形式で地域の食材を使って料理し、食べるイベントを続けた。食を通じて生産者と消費者をつなぎ、生産者を支援する活動だ。

「ノマディックには、よりよい環境を求めて旅する集団という意味があって、長野、奈良、和歌山、四国、鹿児島など、料理人たちと本当にいろんな土

地を回りました。日本にはすばらしい食文化がたくさん残っていることを実感したし、『食』には人と人をつなぎ、地域を変える力がある、と思うようになりました」

食の未来を共有する2人の出会い

そんな真鍋が東京から神山に移り住んだのは2014年3月。東京に本社があるIT企業の経営者たちの視察に参加して神山を訪れたモノサス社長の林が神山を気に入り、サテライトオフィスを出したいと言いだしたからだ。

林からサテライトオフィスの話を聞き、一緒に神山を訪れた真鍋は自分から手を挙げた。「食」への関心が高まって、日常的に食に関わるプロジェクトを実現できる場所を探していたのだ。2人の子どもがのびのび成長する場所として田舎への移住を考えていた時期でもあった。

そうやって神山に移り住んだ真鍋を、地方創生戦略づくりのワーキンググループのメンバーに引き入れたのは西村佳哲だ。「食」のプロジェクトのアイデアを真鍋が温めていることを聞いていたからだ。戦略策定の議論が進み、テーマごとに七つのチームに分かれるとき、真鍋は当然のように「食べる」チームに手を挙げた。ほかに役場職員やJA職員の6人が参加し、議論が始まった。

「若手の新規就農や兼業農家を増やしたい」「地域の農業をなるべく有機化し、地元でできたも

のを食べたい」「学校給食を地元で育てた食材にしたい」「農業者の高齢化による耕作放棄地をこれ以上増やしたくない」……。

メンバーから次々と出されるアイデアの中に、真鍋が気になる意見があった。

「神山のために、小さいものと小さいものをつなぎたい」

それは、まさに真鍋が考えていたことだった。その提案をしたのが、もう1人のキーマンである白桃薫。運命の出会いだった。

農業の未来が見えない

白桃は町でも少なくなった専業農家に長男として生まれた。父親の茂《しげ》は自分の田んぼだけでなく、ほかの農家の田んぼの米づくりも受託している米生産者だ。実家はほかに植木生産や造園もしている。

高校から徳島市内に出て、東京農業大学造園学科に進んだ白桃は卒業すると故郷に戻り、町役場に就職した。30歳を過ぎて産業観光課主事になった。耕作放棄地と鳥獣被害の対策を担当し、町の農業の状況を知るにつれ、農業の将来に危機感が募った。農家の平均年齢は71歳。新規就農者は少なく、耕作放棄地は増える一方で鳥獣被害もとどまるところを知らない。

国の農政は大規模化・集約化へと突き進んでいる。だが神山町のような中山間地域は傾斜地が多く、田畑も狭いため、大型農機は使えず、農地をひとまとめにするのも難しい。全国の中山間地域が抱える課題だ。大規模化・集約化に取り残された農業の未来が白桃には見えなかった。

そんなある日、父親の茂から聞かれた。

「お前、農業をやる気あるのか」

前年、茂は病気で倒れていた。「この先、長くは農業ができないかもしれない」とも聞かされていた。

「やるよ」と言えば、父親が喜ぶのはわかっている。でも先行きが見えない神山の農業を知るだけに安易に口にできなかった。

白桃は「今はまだわからんよ」と答えた。モヤモヤとした感情が残った。それをひきずっていたところに舞い込んだのが、地方創生戦略づくりのワーキンググループに参画する話だった。

この町に骨を埋める人じゃないと必要ない

しかし、初めのうち白桃は、戦略づくりにネガティブな印象しかなかった。

「また移住者やＩＴ企業の人たちにとって利益があることが始まるのか、くらいの気持ちでした。

それまでサテライトオフィスの関係者や移住者と挨拶はしても、腹を割って話すこともなかった。移住者のことも、神山で注目されても、どうせ外に出て行くんだろうと冷ややかに見ていました」

白桃のそんな気持ちが表れた一文がある。戦略づくりの会合では毎回、最後に設問を投げかけ、参加者全員にアイデアを紙に書いてもらう。そのときの設問は「どんな人に神山に来てもらいたいか？」。白桃はこう書いた。

「この町に骨を埋めるつもりがある人じゃないと必要ない」

この話を聞いたとき、少なくない住民の本音ではないかと私は思った。神山に移り住んだ人たちは「この町の人たちはヨソ者にオープンだ」と言う。しかし、当たり前の話だが、住民全員がそうではない。ヨソ者が入ってきてマスコミで騒がれる。もとから暮らしてきた住民にスポットが当たることはめったにない。移住者と腹を割って話したこともない住民からすれば、町を乗っ取られたようでいい気がしないのは自然な感情だろう。

そのことはコアチームのメンバーもわかっていた。だから戦略づくりのワーキンググループという「るつぼ」に、もとからの住民と移住者を入れてかき混ぜたのだ。効果はてきめんだった。

「戦略づくりで西村さんや真鍋さんと関わるなかで、真剣に町のことを考えてくれていることが伝わってきたし、この人たちと一緒に神山をよくしたい、と思うようになりました」

そんな思いで白桃が提案した「小さいものと小さいものをつなぎたい」とはどういう意味なの

だろう。
「農地の大規模化・集約化が難しい神山のような中山間地域では、少量多品目をつくる農業にならざるをえない。でも、それでは市場とはつながれない。大量生産・大量消費の流通から漏れてしまっているからです。だとしたら少量多品目の作物を顔の見える関係で流通させ、付加価値を上げるしかない。少量生産と少量消費をつなぐ。つまり、小さいものと小さいものをつなぐしか道はないと考えていました」

少量生産と少量消費をつなぐフードハブ

真鍋もノマディック・キッチンの活動を通して、少量生産と少量消費をつなぐ流通のしくみが機能していないことはわかっていた。その解決の糸口になりそうだと考えていたのが「Food Hub（フードハブ）」だった。

この耳慣れない「フードハブ」という言葉はアメリカ生まれだ。20世紀的な大量生産・大量流通・大量消費とは別の食のシステムとして、アメリカ農務省が推奨しているしくみだ。顔の見える地元生産者と連携し、集積、保存、流通、マーケティングに関わりながら、消費者に橋渡しする組織体を指す。「ハブ」という言葉にはもともとネットワークの中心、拠点の意味がある。

かま屋の店内で使われているテーブルや椅子、
トレイや割り箸は神山のスギでつくられている

英文のレポートでフードハブを知った真鍋は「神山版フードハブがつくれないか」と考えた。ただし、個人ができる規模で小さく始めるつもりだった。しかし、戦略づくりに関わったことで、小さく始めるはずだった神山版フードハブは大化けすることになる。

戦略づくりの「食べる」チームで、真鍋がフードハブの基本的な考え方を初めて説明したときのことを、白桃は鮮明に覚えている。

「同じようなことを考えている人がいたんだ、と驚きました。真鍋さんのしゃべることが頭にすーっと入ってきて、これだと直感しました」

チームの議論は真鍋のフードハブの提案で一気に勢いづく。話しあいのなかで、フードハブの基本的な考え方に、新規就農者の育成、

地元の食材を使う食堂とパン屋をつくること、食育の機能を持たせることなどが付け加わり、神山版フードハブの原型があっという間にできあがった。白桃は言う。

「フードハブは神山のために絶対に実現させなあかんプロジェクトやと思うようになった。もっと言えば神山だけじゃなく、ほかの中山間地域の農業のモデルにもなると。自分の手でやりたくなって、『役場を辞めてでも』と発言しました。父親に『農業をやる気あるのか』と聞かれて答えられなかったモヤモヤした感情や将来への危機感に突き動かされたのかもしれません」

一方、真鍋はビジネスとしてフードハブを成り立たせるために奔走した。モノサス本社とかけあい、新会社の資本金の3分の2を引きだし、官民出資の株式会社「フードハブ・プロジェクト」を立ち上げた。役場から出向した白桃はつなぐ公社のスタッフとしてフードハブに関わり、生産部門を統括する農業長になった。

真鍋にはもう一つ、大事な仕事があった。それはプロジェクトに必要なプロフェッショナルたちを集めることだった。

集まってきたプロフェッショナルたち

フードハブの拠点となる食堂「かま屋」は、神領の国道沿いにある。白い外装の鉄筋平屋の建

かま屋の料理長、細井恵子さん（右）。城西高校神山分校の生徒と地元食材を使った弁当を開発する食育プロジェクト

物は、空き家になっていた元電機工場を改装した。店の広さは約120平方メートル。窓を大きくとり、明るい店内の真ん中にオープンキッチンを据え付け、周りに47席が配置してある。

料理には地域の食材がふんだんに使われている。朝食はコーヒーとパンを提供。昼食は野菜を中心とした数種類の副菜と、肉か魚の主菜の中から好きな料理を皿に盛るビュッフェ形式。その後は、軽食やデザート、コーヒーなどを楽しめるカフェタイムになる。

食堂を仕切っているのが東京から移住した料理長の細井恵子だ（15頁下写真）。カフェ運営や食料品・雑貨を製造・販売するDEAN & DELUCA（ディーンアンドデルーカ）」を退職した2015年9月、知りあいだった真鍋に「農業を守っていくために食堂を立ち上げるか

もしれないから、そのときは一緒にやらない？」と声をかけられた。

細井はフレンチレストランでも働いたことがあり、和食、洋食、中華だけでなく、スイーツもお手のものだ。細井はフードハブの持つ可能性にかけることにした。

「農業を守り、景観を守るために、こんなやり方もあるというのを見せれば、あとに続くところが出てくるかもしれない。新しいプロジェクトを立ち上げる苦労はあるだろうけど、全国の先例になれば、やりがいもあると思いました」

メニューの開発にも熱心に取り組んでいる。町内の生活改善グループの手で１９７８年に出版された郷土料理と食文化の本『神山の味』を参考に、地域の人と神山に伝承されてきた料理をつくったり、お土産になる菓子をつくったりしている。

「地元の人に料理を教わるのも楽しくて、この前はユズ酢を使った『おいのこ寿司』という郷土料理を一緒につくりました。地域の食の文化を継承していくことも私たちの役割だと思っています」

フードハブならではの「産食率」

管理栄養士の浅羽暁子は神山に来るまで東京の大手外資系ＩＴ企業の社員食堂で働いていた。[7]

かま屋で食材調達を担当する浅羽暁子さん

年間勤務した社員食堂の運営会社を辞めてしばらくたったころ、知りあいだった真鍋からフードハブの話を聞かされ、2016年7月に神山に移住した。

「かま屋」では食材調達を担当している。米や野菜はフードハブの農業チームが自社農園で農薬や化学肥料を使わずに栽培している。しかし、それだけですべての食材を賄うことはできない。不足する食材は同心円状に波紋が広がるように、まずは町内で有機農業を実践している農家から調達し、それでも難しければ徳島県内で仕入れている。神山町に移り住んだ浅羽は、町内の農家を訪ねて歩くことから関係づくりを始めた。そのうちの1人が「里山の会」代表の上地公一だ。

里山の会は、無農薬、無化学肥料で野菜をつくっている町内の農家グループで、会員農家10人でフードハブが町内で調達する野菜の大半を提供している。

代表である上地の自宅には毎日、フードハブからFAXで1~2枚の注文書が届く。ジャガイモ10キロ、ニンジン3キロなどの注文を見ながら、上地は会員と携帯電話で連絡をとり、割り振りを決める。上地もキャベツやジャガイモ、トマト、ズッキーニなど20種類以上の野菜を納めている。

かま屋の料理。自社農園で育てた食材、町内の生産者から仕入れた食材で賄う「地産地食」をめざしている

生活はかま屋のオープンですっかり変わった。毎朝4時半に起き、5時には畑に出て、10時までに野菜をかま屋に届ける。朝採りのみずみずしい野菜を食べてもらいたいと思うからだ。

「会員はみんなフードハブに感謝しとるよ。休耕田を活用して畑をしたり、担い手を育成したりして、(フードハブが)廃れゆく山間地の農業を守っていこうとしていることも農家は知っている。手助けできることは何でもしようと仲間と話しています」

里山の会の会員は発足当初からずっと10人ほどだったが、移住した新規就農者が入会して仲間が増える予定だ。「これまで農業の将来をあきらめていた農家の仲間も、できることはしてみようかというムードになってきた」。上地は、そう言って日焼けした顔をほころばせた。

さらに、浅羽の仕事の一つに、「産食率」の計算がある。「地産地食」を掲げるフードハブならではの取り組みで、かま屋で使った食材のうち、町内産の品目数の割合を毎週算出し、メニューと一緒にウェブサイトで公開している。「60％とか70％とか、季節によって産食率は違います。今後は食材の情報をもっと発信していきたいと思っています」。

人と人をつなぐ食育

神奈川県の小学校で教員をしていた樋口明日香は、オーガニック素材にこだわった料理教室に通ううち、「食」に関わる仕事をしたくなって2016年3月に退職。郷里の徳島市で仕事を探しているときにフードハブの活動を知った。

樋口は教員の経験も活かせる「食育」を担当している。農業長を務める白桃、支配人の真鍋とともに、多彩な食育イベントを企画・プロモートする役割だ。

地元の城西高校神山分校の生徒8人が取り組んだ「お弁当プロジェクト」では、同校の文化祭での販売をめざして、町内産の農産物をできる限り使った弁当を細井、浅羽とともに開発。工夫を凝らした「ほくコロ弁当」は販売から1時間で100個が完売した。

神領小学校の総合的な学習で行った「大豆のすがた　大へんしん」では、豆腐づくりの職人を招

フードハブ・プロジェクトで食育を担当する樋口明日香さん（右）

いて、神山町でとれた大豆をミキサーにかけ、煮て、にがりを入れて固めて食べるまでを児童が体験した。ほかにも、保育園児との野菜づくり、広野小学校の児童との米づくり、神山中学校の職場体験の受け入れなども実施している。

農業体験や食べることを通じて、子どもたちが地産地食について考えるきっかけをつくる。そうやって子どもが変われば大人が変わる。大人が変われば家庭が変わる。家庭が変われば地域が変わる。つまり、子どもが変われば地域が変わる、と樋口は信じている。

食育の対象は子どもだけではない。農業や食にまつわるつくり手を案内人として不定期に開く「地産地食の学校」は大人向けの企画だ。農家の女性から伝統的な夏の保存食のつくり方を教わったり、「かまパン」の職人から季節の野菜を使ったパンづくりを学んだり……。町外からも参加者が駆けつける人気を博している。

食育に力を入れるフードハブ・プロジェクトでは、子どもたちと一緒に米づくりも行う

フードハブの食育は、食に関わるつくり手だけでなく、保育園児から小中高校生、地域の大人まで広汎な人たちを巻きこんでいる。一緒に汗をかき、手を動かしながら、農業や食や暮らし方について考える。食は人と人をつなぎ、地域を変える力を持っている。フードハブはその力を最大限に引きだし、活用するプロジェクトなのだ。

農業の将来が見えてきた

真鍋と白桃が2人で立ち上げたフードハブのメンバーは、すでに20人を超えている。そのうち10人以上は徳島県外からの移住者だ。「かまパン」で製造責任者をしている笹川大輔も2017年1月、妻と子どもの家族4人

で東京から移住してきた。

父親もパン職人の笹川は18歳から修行を始め、八王子市で人気の「ぶーるぶーるぶらんじぇり」でヨーロッパの伝統的なパンを焼いていた。ちょうど独立を考えていたとき、フードハブのパン職人の求人情報を見た。

「独立するならパン屋単独じゃなく、プラス何かできないかと考えていました。フードハブの場合、それが農業なわけですけど、これは面白そうだと思いました。だから、田舎暮らしをしようと神山に来たわけではなく、好きな仕事をしたいと探していたら、たまたまそれが神山にあった。もともと虫が苦手で田舎暮らしなんて考えもしませんでした」

笹川はそう言って笑う。好きな仕事、やりたい仕事があるから、この町に来た。農業や食を通して地域を変えるフードハブ・プロジェクトは、「この仕事がしたい」と都会の若者たちを引き寄せる求心力を持っている。

最後に、フードハブを世に出した2人が現状をどう思っているのかを聞いた。

つなぐ公社スタッフとしてフードハブを担当する白桃は、「育てる」部門を統括する農業長をこなしながら、町役場やJA、町民などとの交渉ごとを引き受け、さまざまなプロたちをサポートする役割を果たしている。

「会社ができる直前に、フードハブとつなぐ公社のメンバーでアメリカ・カリフォルニアに視

かまパンで自家培養発酵種を使ったパンをつくる塩見聡史さん（下左）と笹川大輔さん（下右）。ストアではパンのほかに焼き菓子、調味料、加工品等を販売する

察に行きました。そのとき印象的だったのは、地域のコミュニティが農家を支えるしくみがあったことです。安全で安心な食べものが必要だから、消費者が前払いで農家を支えるんです。それに倣って、神山の農家さんを消費者が支えるしくみをフードハブがつくれないかと模索中です。まだ走りだしたばかりで、やらなくちゃいけないことはたくさんありますが、うっすらとですけど将来の農業の絵が見えてきた気もします。僕には息子が2人いますけど、将来息子が農業を継ぎたいと言ってきたら、よし、一緒にやろうと言える状況はつくれるんじゃないかと思うようになりました」

真鍋に話を聞こうと、営業中のかま屋に行くと、席につくなり嬉しそうに話し始めた。

「このテーブルも椅子も神山のスギを使ってつくってもらいました。食器を載せるトレイも割り箸もそうです。地域内で経済を循環させることはフードハブの第一の目的でもあります」

料理を盛る大谷焼の皿も、神山の稲藁の灰を釉薬《ゆうやく》に使って焼いてもらった特注品だと言う。食材だけではなく、できるだけ神山の土地のものを使うこだわりは徹底している。

「開店までは本当に人が来てくれるのか心配でしたけど、すばらしいメンバーが揃ったおかげでなんとか滑りだすことができています。里山の会の農家さん、生活改善グループのお母さんたち、城西高校神山分校の生徒や先生、役場の人たち、フードハブには町のいろんな人たちの思いが詰まっています。やるしかないんです」

テーブルの上で手を組み、まっすぐに私の目を見て真鍋は続けた。

「あんなこともできるんじゃないか、とやりたいことは広がっています。フードハブがあるから、神山に移住したと言ってもらえるように育てていきたいし、中山間地域の農業の未来がかかっていると思ってやっています。神山だけがよくなればというつもりはありません。どこかの地域でやりたいという動きがあれば、ぜひ一緒にやりたいと思っています」

ランチに訪れた客が「真鍋さん」「よう支配人」と親しげに声をかけていく。真鍋は笑顔で応対し、そのたびに取材は中断した。声をかける人たちの中には、もとからの住民もいれば、サテライトオフィスで働く移住者もいて、老若男女さまざまだった。かま屋が神山に受け入れられ、日常に溶け込み、欠かせない存在になっている様子が伝わってきた。

全国の耕作放棄地の面積は、2015年の農林水産省の調査で東京都の面積の2倍に匹敵する約42万3000ヘクタールに達している。1990年からの25年間でほぼ倍増した。とりわけ増加が著しいのが中山間地域だ。そんな地域の農業を再生させるかもしれない壮大な挑戦が、小さな町で始まっている。

7章　林業・建設業の未来をつくる

——大埜地集合住宅プロジェクト

地方創生戦略づくりの中で生まれ、音を立てて進んでいるプロジェクトがある。神領大埜地《じんりょうおのじ》地区に建設している「大埜地集合住宅」だ（10頁写真）。ただ住宅を建設するだけが目的ではない。「こんなことをすれば町が元気になるのでは」という住民の願いやアイデアを採り入れ、住まいをつくるプロジェクトがそのまま「まちづくり」になっている。

最優先課題は住まいづくり

２０１６年春以降、集合住宅建設と民家改修を合わせた「すまい」プロジェクトは、最優先課題として町役場とつなぐ公社の計４人がチームを組んで進めている。役場側は、戦略づくりでコアチームの一員だった馬場達郎、ワーキンググループのメンバーだった北山敬典の総務課コンビ、つなぐ公社からは赤尾苑香と高田友美が担当している。

なぜ住宅建設が最優先なのか。

神山町の地方創生戦略は２０６０年時点で３０００人を下回らない人口規模（現在５３００人）を維持し、二つの小学校が複式学級にならない児童数を確保するために、毎年子どもを含む44人の移住者の受け入れを目標に掲げた。「その最大の障壁になっていたのが住宅不足でした」と町役場の馬場は言う。

「町に移り住みたいという希望者は多くても、圧倒的に賃貸住宅が足りないので受け入れることができない。移住者に来てもらおうとするなら、住まいづくりは最優先課題でした」

全国どこも同じだが、過疎の田舎に賃貸住宅は少ない。都会と違って大きな人口の新陳代謝を前提としていないからだ。もともと賃貸住宅が少ないのに、移住希望者の多い神山町の場合、貸し出せる空き家はすでに払底してしまっているのが現状だ。

子どもを育てるコミュニティの再生

移住者を増やすのが目的なら、移住者用の住宅を建設すればことが足りるはずだが、大埜地集合住宅は移住者だけでなく、町に住んでいる住民、町外にいったん出て帰ってくるUターン者も入居対象にしている。

「神山町では、もともと若者定住促進住宅の建設を検討していました。でも住宅不足は移住者だけの問題ではありません。町在住者が結婚して実家以外に住もうと思っても物件が見つからず、若い夫婦が町を出ていくケースもある。住宅不足は転入の妨げになっているだけでなく、転出の要因にもなっています。戦略づくりの過程で入居対象や戸数を見直しました」

過疎地ならではの事情もあると馬場は言う。「僕が子どものころは、同じ年代の子どもが近所

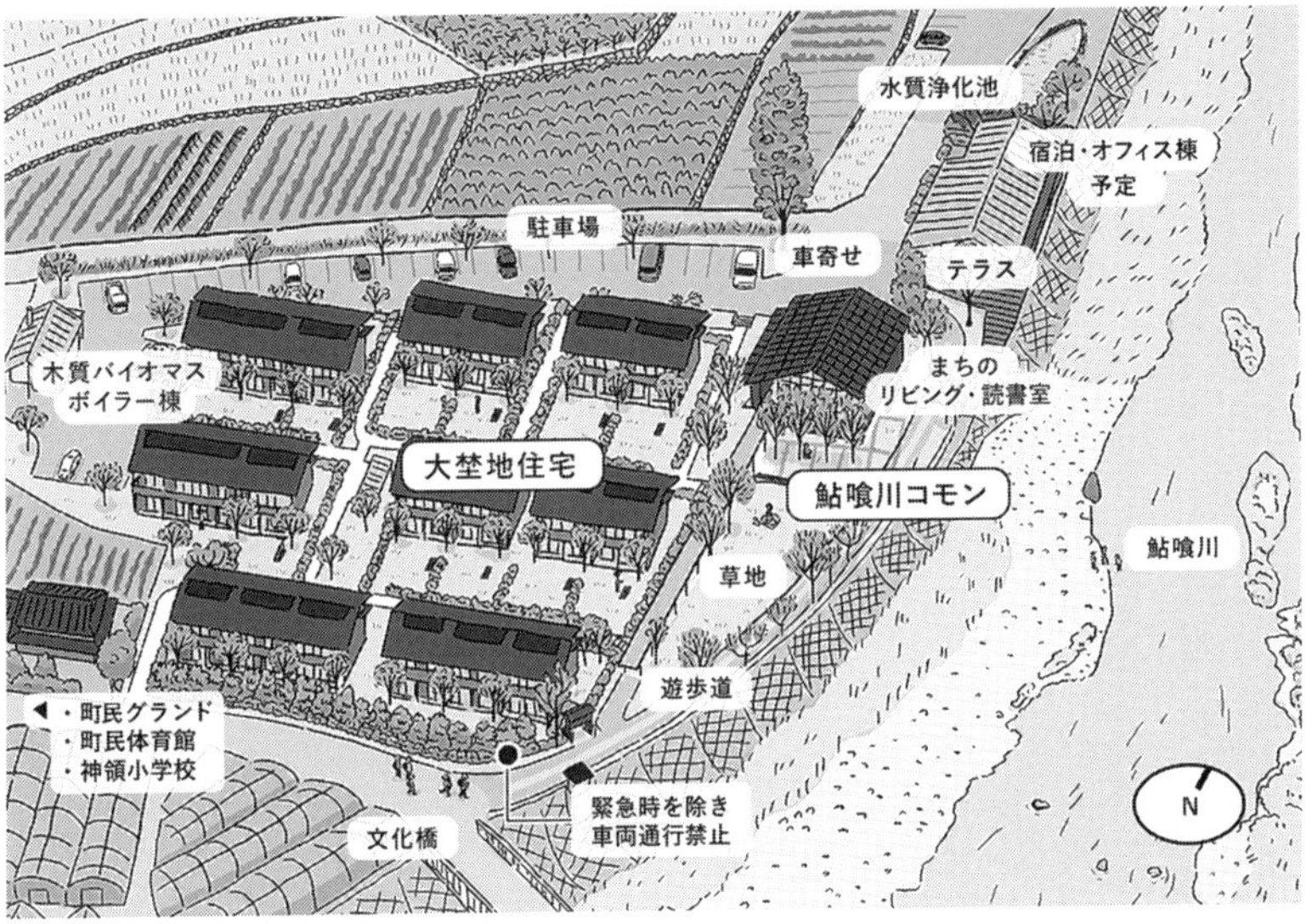

大埜地集合住宅、完成予想図

にいて、一緒に外で遊んだし、地域に育ててもらった。でも今は人の数が減って、集落に家が数軒しかなく、遊ぶ友だちが近所におらず、家でゲームばかりしている子も多い。親の側も子育てについて相談したり、助けあえる相手が近所にいない。子どもを育てるコミュニティをつくるのも集合住宅の目的です」。

計画では、1棟に2〜3戸が入る木造低層の棟割り住宅8棟（20戸）を2017年度から3〜4年をかけて建設する。うち18戸は子育て世代や夫婦を想定した住戸で、高齢の親など親族の同居も認める。一部はバリアフリー対応にしており、残り2戸は単身者がシェア生活を送る住戸にする計画だ。

馬場の話を聞きながら、私は思った。都会の人間は、田舎なら子どもはのびのび育つと思い

がちだ。しかし、過疎化があまりに進むと、地域コミュニティはその機能を失ってしまう。大埜地の集合住宅づくりは、過疎の町で子育てに適したコミュニティを再生する試みでもあるのだ。

鮎喰川コモンというサードプレイス

大埜地集合住宅は、入居者だけの閉じたコミュニティにするのではなく、町の人たちとの交流拠点にもする予定だ。人を呼び込む装置として併設されるのが「鮎喰《あくい》川コモン」と名づけたパブリックスペース(公共空間)だ。計画されているのは、文化施設、緑地スペース、それに遊歩道だ。

背景には、図書館や児童館など文化施設が乏しい、子育てをしている母親がフラッと立ち寄れる場所がないといった、町の現状への住民の不満がある。このため、入居者以外の住民も集えるパブリックスペースを併設してほしいという声が戦略づくりの当初から挙がっていた。緑地や遊歩道についても、せっかく清流の鮎喰川が流れていながら、川沿いに散策できる遊歩道がないため、鮎喰川のほとりにできる集合住宅建設の中で整備することになった。

文化施設は住宅棟とは別に2階建て1棟を建設し、1階に「まちのリビング」、2階に「まちの読書室」をつくる。「リビング」は、老若男女、誰もが自由に使える地域の「えんがわ」をめざしている。放課後や休日の小中高校生の居場所であり、未就学児やその親が安心して集える場

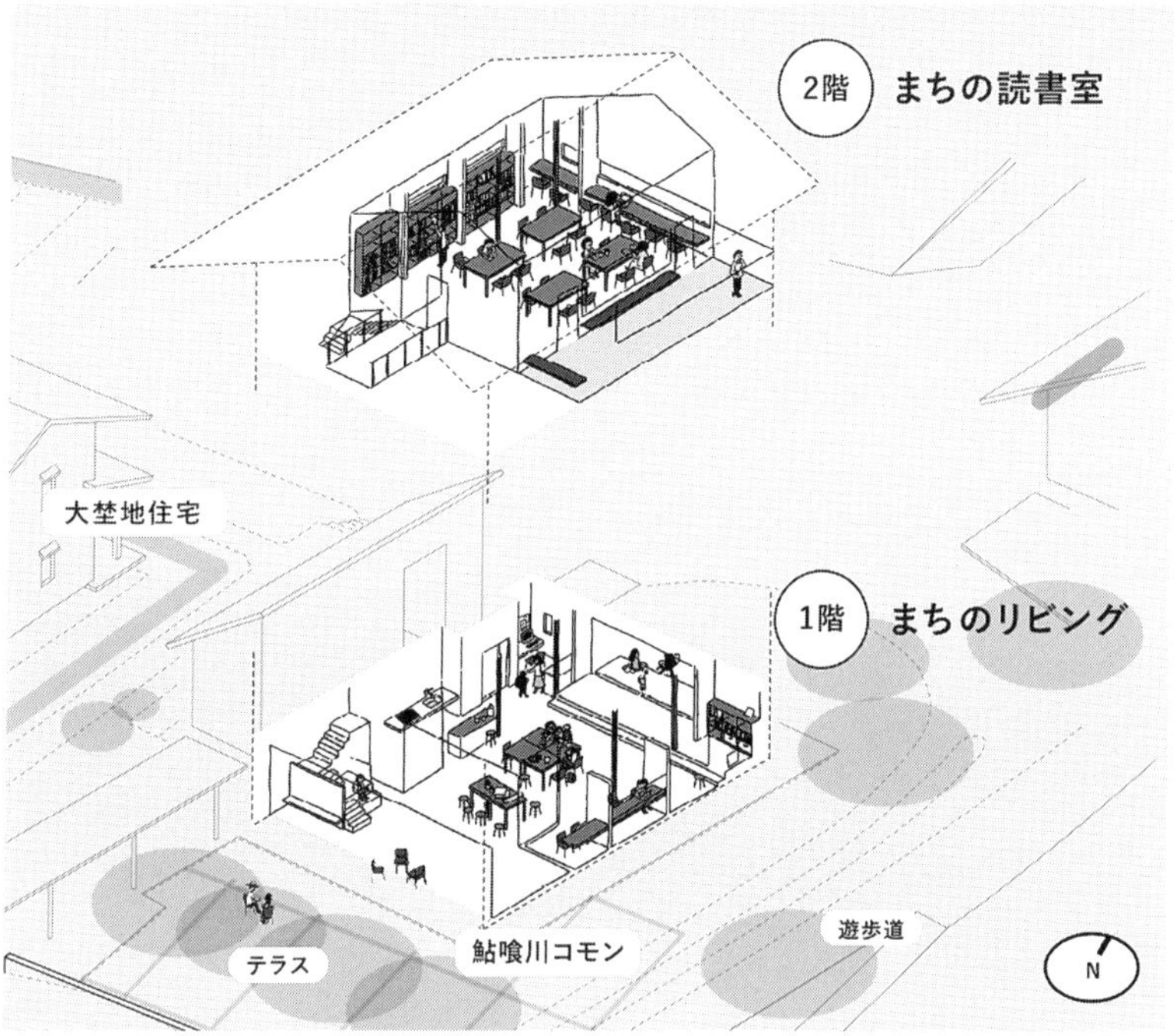

鮎喰川コモン、イメージ図

でもある。グループで話しあったり、習い事をしたり、キッチンを使って食事会を開いたりすることもできるオープンなスペースだ。

「読書室」には千冊以上の本を置き、静かな環境で、読書や自習、仕事に集中できる空間をめざしている。今、都会でもファストフード店に教科書や参考書を持ち込み、勉強する中高校生の姿を見かけることが多い。学校でも自宅でもない第三の居場所。そんなサードプレイスを神山にもつくろうとしているのだ。

一緒につくる丁寧なプロセス

新たに建設する住宅にパブリックスペースを併設するという計画自体は、特段珍しくはない。目を見張ったのは、具体的にどんな施設をつくるかを詰めていくプロセスの丁寧さだった。

集合住宅づくりをきっかけに、これからの神山の住まいや暮らしについて考える場として、つなぐ公社がスタートさせたのが「鮎喰川すまい塾」だ。公社の高田友美がコーディネーター役を務め、2016年8月から2017年11月までに9回を重ねた。設計に関わる専門家に計画について説明してもらったり、集合住宅に使うスギが植わった神山の森づくりを見に行くフィールドワークをしたりした。毎回、住民だけでなく、町外や県外からも行政職員や建設関係者が訪れ、20～50人が参加するというから驚きだ。

ほかにも、神山中学の生徒にどんな文化施設がいいかアンケート調査をしたり、意見がある住民を募って3～10人程度のミニ集会を開いたりして広く住民の声を聞いた。

「自習室があれば、すごく使いたい」「子どもが小学校に行っている間、未就学の下の子どもを連れて、ゆっくりと本が読める場所がほしい」「映画の上映ができたり、みんなでごはんを食べられる場があれば」

そんな住民の声を踏まえて「まちのリビング」と「まちの読書室」は誕生しました、と高田は話す。「勝手に計画を進めるのでなく、住民や移住者と一緒につくっていきたい。こんな場所になったらいいな、という思いを受けとめ、イメージを設計チームに伝え、図面に落としてもらう。そんな積み重ねを続けてきました」。

これほど丁寧に住民の声を聞き、それを踏まえてつくられた公共施設を私は聞いたことがない。

今、高田はオープン後の運営を見据えている。

「まちのリビングで勉強会を開いて外の人を招くのもいいけど、地元の人が先生になって何かを教えてもらう、そんな集まりがたくさんできればと思っています。読書室の方は子どもから大人まで誰もが本と出会える場をしっかりつくっていきたい」

入居者だけでなく、町の人が自由に出入りし、語り、くつろぎ、学び、読書し、集う。そんな町の居場所は2020年にオープンの予定だ。

地元の木で、地元の人がつくる

フードハブが「地産地食」を進めて農業を振興させ、地域内でお金を回す経済循環のしくみをつくろうとしているように、集合住宅づくりのプロジェクトにも同じような企みが組み込まれてい

管理されなくなった神山の山

る。その一つが、住宅と文化施設をすべて木造にして、神山の山から伐りだしたスギを使い、神山の大工につくってもらうことだ。神山の林業を振興させ、仕事をつくって地域内でお金を回そうとしているのだ。

背景に、かつては「木の町」と呼ばれ、町の主産業だった林業を活性化させたいという願いがある。神山町は町域の83%を山林が占めている。その山林にはスギやヒノキが約1万ヘクタールも植わっている。にもかかわらず、安価な外材に押されて木材は伐りだされることもなく、放置され、管理されなくなった山は荒れるに任せている。

だから町産材で集合住宅をつくる方針を打ちだしたのだが、実はこれが容易なことではない。林業振興のために多少割高になることを覚悟し、町役場が町産材を調達しようとしても、まとまった量の木材をいちどきに調達することは、まず不可能だ。林業の低迷が長く続

いた間に、山仕事の従事者は激減し、製材所も減ってしまった。供給する力を失ってしまったのだ。

つくり手の施工能力の問題もある。町内の業者に発注しようとしても、神山町には大手工務店が存在しない。いきおい小さな工務店に発注せざるをえないが、すべての住宅と文化施設を1年や2年で建設するというのは、どう考えても現実的ではない。

どうすれば、これらの問題をクリアできるのか？　行き着いた解決策が、一気に建てるのではなく、ゆっくりと3〜4年の時間をかけて少しずつ建てることだった。

集合住宅を3年から4年をかけて少しずつ発注し、施工するのは、町内産木材の調達や施工能力の問題をクリアするためだけではない。健全なコミュニティづくりのためでもあると町役場の北山敬典は言う。

集合住宅の建つ地元の大埜地は30戸ほどの集落だ。そこに突然、20戸の住宅ができて、80人を超える人が一気に入居してくれれば、地元は受け入れに困る。入居者も集合住宅だけで大きなコミュニティができるから、外の住民と触れあう必要性を感じないかもしれない。そうなると、同じ地域にありながら、もとからの住民と集合住宅の入居者は互いに溶けあうことがないまま、別々のコミュニティとして推移する状況が見えていると北山は言うのだ。

「だから、ゆっくりと数年をかけて建て、少しずつ入居してくる人たちを地元が受け入れる形にしたいと思っています」

町の木の認証制度をつくる

集合住宅を町の木でつくる方針は決まった。しかし、町産材であることを証明する手段がなければ町役場は発注もできない。そこで神山町が2016年9月にスタートさせたのが「町産材認証制度」だ。都道府県では珍しくないが、市町村レベルでは全国でも稀な取り組みだ。

町から相談を受け、この制度設計を担ったのは、神山町林業活性化協議会の高橋幸次だ。徳島県の職員として林業畑を歩み、2015年から郷里の活性化協議会の職員になった。

高橋が幼いころ、1960年代後半から70年代前半の神山は文字通り「木の町」だった。木材を積んだトラックが行き交い、高橋が通った小学校の横にも製材所があって大勢の大人たちが働き、活気があった。

「第2次オイルショック（1979年）ごろが価格のピークで、バブルのころまでは林業も儲かったんですけど、その後は火が消えたようになって。町内の製材所も半分以下に減りました」

なぜ、町の木が使われないのか。高橋はこんな話をしてくれた。

「今、神山で家を建てる人は、町内の大工さんじゃなくて、大半が徳島市内の工務店や大手のハウスメーカーに頼みます。すると、わざわざ神山の木を持ってこないですよね。これだけ山に

囲まれていて、スギやヒノキが約1万ヘクタールも植わっているのに、町の木を使った家が建たないんですよ」

手の届く裏山に木が豊富にあるのに、わざわざ遠い外国から木材を取り寄せる。より安い木材を求める経済合理性が、そんな奇妙な現象を引き起こしている。しかし、それは決して神山町だけの話ではない。

なんとか町産材の活用を進めたい。そう考えた町とつなぐ公社が認証制度の創設を高橋に依頼。高橋は徳島県の木材認証制度を参考に、伐採業者、森林組合、製材所などの協力を得て町独自の認証制度を立ち上げた。町産材をブランド化し、木材が町内のどの山から伐りだされたのか、トレーサビリティを担保するしくみだ。

高橋は言う。「認証制度をつくっても、神山町の林業の状況がすぐ変わるとは思っていません。でも、木材の活用が進めば、放置され、荒れている山の管理もできる。そうすれば山が保水力を取り戻し、鮎喰川に流れ込む地下水も増えるかもしれない。変わるきっかけになってほしい」。

手刻みの技術、継承したい

集合住宅を町の大工でつくるのは、神山に仕事をつくるためだが、それだけが目的ではないと

公社の赤尾苑香は言う。

「このままだと地域に伝わってきた技術が継承されなくなる。それをどうにかしたいという思いもあります。最近の住宅は、積み木みたいに木材を組んで、あっという間に建ちますよね。あれは『プレカット工法』といって、工場で事前に機械で切れ目を入れ、接合の穴を開け、加工した木材を使っているからなんです。そうではなく、現場で大工さんが加工するのを『手刻み』といって、昔はみんな手刻みで家を建てていました。

でも、ハウスメーカーをはじめ、今はプレカットが主流で、若い大工さんの中には手刻みを習熟する機会がなく、できない人も増えています。プレカットと手刻みのどちらがいいという話ではなく、両方できる大工さんが地域にいてほしい」

一級建築士の赤尾は自分の設計事務所を構えたときから、手刻みができる地元の大工と一緒に仕事をしたいと思っていた。なぜ、そこまで手刻みにこだわるのだろう。

「現場で大工さんが、どのくらい木材を伐ったらいいか、どう組んでいくか、木と向きあい、考えながら建てていく手刻みの仕事には、大工さんの気持ちが宿っています。大工さん自身、やりがいや面白みを感じているのが伝わってくるんです。そんな仕事が地域でできるという希望をつなぎ、技術を次世代の大工さんにつないでいきたいと思っています」

林業―製材―大工のつながりを結び直す

神山の木を使い、地元の大工でつくることを通して、もう一つめざしていることがある、と赤尾は言う。かつて町内の山から木を伐りだし、製材所で挽《ひ》いた木を使って、地元の大工が家を建てていた時代、林業家と製材所、大工は木材を通してつながっていた。大きな仕事のときには大工同士が協力しあった。

しかし、地元の木材が使われなくなった今、林業家―製材所―大工という縦のつながりは断たれてしまっている。大がかりな建築は大手工務店やゼネコンに発注され、地元の大工が一緒に仕事をする横のつながりもなくなった。

神山の木を使い、町の大工がつくる。それも複数の大工が一緒に仕事をすることで、住まいづくりに関わる人々のつながりを取り戻すきっかけにしたい、というのだ。

その試みは、つなぐ公社が集合住宅建設に先立ち進めている民家改修プロジェクトですでに始まっている。民家改修プロジェクトは、地方創生戦略に盛り込まれた移住促進のための事業だ。移住してきたばかりの人たちが3カ月～1年半の間暮らしながら、次の住まいを準備するための「すみはじめ住宅」を、空き家になった民家を改修して整備するのだ。部屋は単身の移住者だけで

なく、小さな子どものいる世帯でも十分住める広さを確保している。共有部分は入居者以外の住民もイベントや集会に利用することができ、移住者と住民の交流拠点にもなるよう配慮されている。

当面は町内7カ所につくる計画で、その第一弾が、鬼籠野《おろの》地区に2017年8月にオープンした「西分《にしぶん》の家」だ。2016年度に始まった古民家の改修を任された大工が、荒井充洋《みつひろ》と大家稔喜《としき》だった。ともに30代で、徳島市内の工務店に下請けに出る大工が多いなか、2人は下請け仕事に出ない数少ない神山の大工だ。

しかし、大家は「町内に仕事が頻繁にあるわけではなく、もっと人が減ったら今までみたいにいかないと危機感を持っています」と言う。「だから、こういう仕事を町がつくってくれるのはありがたい」と付け加えた。

西分の家は、床が落ち、屋根も傷んでいた築約60年の2階建て民家を、3～4部屋の個室と共有キッチン、共有サロンからなるシェアハウスへと生まれ変わらせた。天井や床、柱には町産材のスギがふんだんに使われ、古民家の味わいを残しつつ、シンプルで使いやすいモダンな建物になった。

その改修設計は、空き家を魅力的な観光資源に再生して全国的に有名になった広島県尾道市のNPO「尾道空き家再生プロジェクト」に関わっている建築家、片岡八重子に依頼した。

得がたい経験だったと荒井は言う。「木材をこういう組み方をするのか、こういう木をここに

上：空き家を改修した「すみはじめ住宅」の第一弾、西分の家
下：西分の家、大埜地集合住宅の1期工事に携わった地元の大工、
荒井充洋さん(左)と大家稔喜さん

使うのか、と先人の知恵に学ぶことが多かった。それに若い建築家さんと一緒にどう設計していくかを考えながら仕事をするのも初めてで勉強になりました」。

大家もこう話す。「荒井さんと仕事させてもらった経験は大きい。1人で仕事をしていると、どうしても視野が狭くなってしまう。協力してやっていくのもええもんやなあと思いました。今後、製材屋さん、電気屋さん、水道屋さんとか、住まいに関わる町内の職人のネットワークができたらええなあと思っています」。

神山町で住まいに関わる人たちの関係を結び直す。赤尾たち、つなぐ公社や役場が思い描いた動きが始まろうとしている。荒井と大家の2人は、大埜地集合住宅の1期工事も受注し、テラスハウス形式の住宅2棟が2018年夏に完成した。

100年もつ環境性能の高い家づくり

大埜地集合住宅の話に戻って、設計チームについて触れておきたい。

集合住宅の設計を任されている「神山町のあす環境デザイン共同企業体」は7人で構成されている。建築設計はビオフォルム環境デザイン室代表の山田貴宏、植栽や緑化など景観づくりのランドスケープデザインはプランタゴ代表の田瀬理夫《みちお》を中心とするチームがそれぞれ担当している。

上：大埜地集合住宅の建築を設計した山田貴宏さん（右から2人目）
下：大埜地集合住宅のランドスケープデザインを担当した田瀬理夫さん

神山の木で神山の大工が建てた大埜地集合住宅（第1期／4戸）

山田は、国産材と自然素材を使った伝統的な木の家づくりが得意で、周囲の環境に適した設計をする建築家として知られる。山田が大埜地の集合住宅でめざしているのは、神山のスギを使った100年以上使える木造住宅だ。その理由について、集合住宅を紹介するビデオメッセージの中で山田はこう語っている。

「今、経済的な合理性の中で、安ければ安い方がいいと、全国の木材市場で一番安い材が使われる。今の日本の木の家の寿命は30年と言われている。でも、その3倍以上もつ家をつくれば（地元の木材を使っても）決して高くない。地域の中でお金も回る。地域にとって合理的なしくみになるのではないかと思うんです」

裏山にスギやヒノキが生えているのに、わざわざ遠い外国から輸入した木材を使って家を建

てる。経済合理性を追求するなかで起きている奇妙な現実を打破する方法は、意外にも年月に耐える家を丁寧に建てるという昔ながらの家づくりだ、と山田は言っているのだ。

山田たちが設計する家は、もちろん耐久性ばかりをめざしているのではない。神山町は山の中にある。集合住宅が建つあたりの標高は130メートルほどだが、冬は1000メートル級の山々から冷気が降りてくる。その寒さに対応するために、木質バイオマスボイラーによる地域熱供給システムを採用して全戸に温水を供給し、床暖房にも接続する。太陽熱集熱装置も採用し、冬は暖かく、夏は涼しい環境性能の高い住宅をめざしている。

ちなみに木質バイオマスボイラーの導入は、町の地方創生戦略にも盛り込まれたプロジェクトの一つだ。燃やす木材チップはもちろん神山の木でつくる。熱供給を化石燃料に頼らず、年間を通して木を伐る必要をつくることで山の荒廃に歯止めをかけ、地域内でお金を回す経済循環を促す試みでもある。

ふるさとの風景をつくる、どんぐりプロジェクト

ランドスケープを担当する田瀬は、「福岡・天神のまちなかに山をつくった」と言われる階段状のビル緑化で有名な「アクロス福岡」の設計などで著名なデザイナーだ。田瀬は、どこの仕事

城西高校神山分校の生徒たちが山で樹木の種や実生を拾い、苗木を育て、成長した木を集合住宅の敷地に植えつける「どんぐりプロジェクト」

でも植栽や緑化には必ずその地域に自生する植物を使う。「生物多様性は、土地に生えている植物をしっかりと保存することが基本だ」という信念からだ。大埜地集合住宅の敷地の植栽でも神山に自生する樹木を使う。成長した木を植えつけるのではなく、種子を山から拾ってきて苗木から育てるのだ。

そこから生まれたプロジェクトがある。地元の高校生や住民を巻きこんで種子を拾い、苗木を育てて植えつける。その名も「どんぐりプロジェクト」だ。

2016年秋、城西高校神山分校造園土木科の生徒たちが、赤尾たち公社スタッフと山に入り、クヌギやアラカシ、ヤブツバキなど植栽に使う樹木の種や実生を拾った。ポットに植えつけ、校内の温室で苗木を育て、成長

した木は高校生たちの手で敷地に植えつける予定だ。

「田瀬さんたちと話していて、どうせ苗木を育てるなら、せっかく造園土木科がある高校が地元にあるんだから一緒にやろうということになって。分校に協力をお願いしたら、快く受けてくれたんです。2年生が授業の一環で取り組んでくれています」と赤尾は説明する。

高校生はどう受けとめているのだろう。2016年秋に山に種や実生を拾いに行った当時2年生だった2人に聞いた。「将来、町外に就職しても、帰ってきたとき自分たちが育てた木を見に集合住宅を訪ねたい」「数年後、植えた木がどう成長しているか見にくるのが楽しみです」。

そんな高校生のコメントに赤尾は目を細める。「高校生たちが育て、植えつける木々が、何十年先には集合住宅の緑陰をつくり、風景になる。彼らは、ふるさとの風景をつくってくれているんです」。

2017年秋には、町職員や町内外の親子連れも参加して約20人が山で種や実生を拾った。高校生だけでなく住民らにも参画の輪を広げている。

大埜地集合住宅には2018年中にまず4世帯、2021年までには計20世帯が入居する。そのころには「鮎喰川コモン」を多くの町民が訪れていることだろう。そして10年後、20年後には高校生たちが植えつけた樹木が成長し、夏には緑陰をつくる。さまざまなまちづくりの夢をのせて、ゆっくりと住宅建設が進んでいる。

8章　教育の未来をつくる

——地域のリーダーを育てる農業高校

地方創生戦略から生まれたプロジェクトは、町にあるものを「地域の資源」として再評価し、最大限に活用しようとしている。教育分野で「地域の資源」として着目したのは、全校生徒が90人にも届かない地元の小さな農業高校、城西《じょうせい》高校神山分校だった。

地域から隔絶していた農業高校

城西高校神山分校とはどんな学校なのか。

「神山分校は2018年に創立70周年を迎えます」。分校の現場トップである教頭の阿部隆が教えてくれた。終戦から3年後の1948年、最初は徳島農業高校の分校として開設された。その後、県立城西高校神山分校と改称され、現在に至る。城西高校の本校は徳島市鮎喰町にある。

学科は何度かの変遷を経て、造園土木科（1学年の定数20人）と生活科（同10人）の2学科で構成されている。2018年2月現在、造園土木科59人、生活科25人、全校生徒84人が学んでいる。

驚いたのは、町内の生徒の少なさだった。両学科を合わせても3年生で2人、2年生は1人、1年生は4人と3学年合わせて7人。全生徒数の1割にも満たない。阿部はこう説明してくれた。

「昔は町内在住の生徒が多かったようですが、神山の子どもの数自体が減る一方、交通の便がよくなって、現在は9割以上が徳島市などから通学しています。神山にありながら神山の生徒が

少ない高校になってしまっています」

町の地方創生戦略に分校に触れた記述がある。

「高校（城西高校神山分校）は県の教育委員会に属していること、域外から通学している生徒が多いこと、神山の中学生の大半は徳島市の高校に進学する傾向を有していることなどから、地域の教育環境としてやや隔絶している。」

地域の中にありながら地域の中でやや隔絶した学校。それが神山分校だった。

評価されることで生徒は変わる

生徒数だけでなく、生徒の「中身」も変わったと阿部は言う。

「農業高校と言えば、昔は農家の後継者を育成する高校でした。でも今、親が専業農家をしている生徒がうちの分校に何人いると思いますか？　ゼロです。農業をやりたいから、という理由で、うちを選んだ生徒は多くはいません。

卒業後の進路も、農業大学校に行く生徒が数人いるくらいで、あとは農業と関係のない会社に入ったり、大学・短大に進んだりという現状です。そんな生徒たちに、どうやって農業への関心を持たせ、教えていくか。問われているのは、高校での農業教育の価値なんだと思います」

農業の将来が見えないと言われるなか、農業を生業《なりわい》として生きていこうという若者が、そうそういるはずもない。自信を持って農業を継げ、と言える親もどれだけいるだろう。農家の子弟が減っているという話に驚きはなかった。

しかし、農業高校に入学しながら、農業にあまり関心のない生徒たちを受け入れる現場の教員は大変だろう。だが、阿部は「地域とつながることで生徒たちは変わります」と言う。阿部にそう思わせた出来事がある。

教頭に着任した2015年、2章で取り上げた「WEEK神山」がオープンした。その庭づくりを造園土木科の生徒たちが任されたのだ。生徒たちは授業の一環として取り組んだ。測量し、設計図を描き、大人たちを相手にプレゼンテーションし、草木を植えつけ、特産の大きな青石をクレーンに玉掛《たまが》けして据えつけた。分校で習っている知識や技術を活かし、ほぼ半年がかりで完成させた。いきいきと作業に取り組む生徒たちを目の当たりにした阿部は言う。「地域に積極的に出て行って学校で学んだことを実践することで、地域に貢献したという達成感が得られ、学んでよかったと実感する。そして何より、大きな自信につながりました」。

神山分校では、女子生徒の有志が廃材を使って木工作品をつくったり、間伐体験をしたりする「森林女子部」の活動も2015年4月にスタートしている。学校を地域とつなぐ模索を始めていたのだ。

農業高校だからできる、地域と直結した授業

町の地方創生戦略は、そんな神山分校の模索を評価したうえで、こう提言している。
「『設定科目』の枠組みを通じて、たとえば『地域学』のような、同校の専門課程とまちづくりの間をつなぐような授業の実施が考えられる。」

専門課程とまちづくりの間をつなぐような授業。それは、まさに分校でも進めようとしていたことだった。そして両者の思いが合致し、2017年4月からスタートしたのが「神山創造学」だ。その実現のために、分校と町役場、分校と住民との間を取り持ち、地域とのコーディネート役を任されたのが、つなぐ公社の森山円香だった。

しかし、一般社団法人のスタッフである森山が、県教育委員会が所管する県立高校の教育内容に関わるのは難しい。そのために阿部が本校や県教委と連絡をとり、森山は特別非常勤講師として職員室に机をもらった。森山は分校と公社の両方を足場に動くようになった。

5章で紹介したように、森山は大学生のとき、海士町の公営塾「隠岐國学習センター」で半年間、インターンとして隠岐島前高校の「高校魅力化」の取り組みを間近に接した経験があった。

しかし、神山分校は農業高校で、普通科の隠岐島前高校で行っている魅力化とはおのずと内容

が違ってくる。森山は逆に農業高校であることに可能性を感じたと言う。

「海士町の隠岐島前高校は普通科ですから、学力をつけると、島外の大学に進む生徒が多い。彼らが島外の大学に進学し就職して、いろんな経験を積んだ後、ブーメランのように地元に戻って地域に貢献する人材になってくれれば、という思いをこめてブーメラン戦略と言われています。農業高校の場合、学ぶことと地域が直結している。地域課題の解決に取り組むにしても、耕作放棄地をどうするか、中山間地域の農業をどうするかということを、自然に授業に落とし込むことができる。地域には仕事がないと言われている状況も、農業高校ならダイレクトに授業で扱えると思いました」

阿部たち教員も、地域とのつながりのなかで生徒を育てたいと考えていた。神山町には多種多様な人材と、さまざまな動きがある。それらをカリキュラムにどう組み込み、構成するか。教員たちと議論を重ね、「神山創造学」のカリキュラム案ができあがった。

1年生から2年生まで2年間を通して学ぶカリキュラムは、1年は毎週1コマ、2年になると2コマに増える。3年生には神山創造学の授業はないが、自分の進路に合わせた課題研究という4コマの授業を設けた。

高校生が地域で学ぶ、神山創造学

そして迎えた２０１７年4月19日、１年生を対象にした初めての神山創造学の授業が始まった。創造学についてのオリエンテーションの後、グリーンバレーの大南信也が「神山のこれまでとこれから」、神山つなぐ公社の杼谷学が「まちを将来世代につなぐプロジェクト」と題して、それぞれ20分ずつ30人の１年生を前に話した。

１年次のカリキュラムは「関係づくり」「地域を知る」「地域に入る」「地域で学ぶ」の四つで構成されている。大南や杼谷のように、さまざまな大人が学校に足を運んで話を交わす授業には、生徒たちが地域を知り、「自分たちが地域で学ぶことが、地域の人たちに歓迎されている」と感じる状況をつくる狙いがある。

5月になると生徒たちは一斉に地域に出た。１学期は「町内をめぐる」と題して、10人ずつのグループに分かれ、自ら行き先を決め、事前学習をしたうえで、神山で活動している人たちを訪ねて歩いた。２学期には「まちぐるみ仕事体験」として10月中旬の2日間、１人かペアを組んで町内17カ所に分かれて仕事を体験した。

「町内をめぐる」と「仕事体験」で生徒たちが訪ねた先は実に多様だ。ＩＴ企業の「えんがわ」

城西高校神山分校の授業に組み込まれた「神山創造学」。生徒たちは地域に出て、さまざまな人にインタビューをし仕事を体験する

／フードハブの「かま屋」／山の再生をめざす「神山しずくプロジェクト」を実践しているキネトスコープ／寄井商店街／日本の滝百選に選ばれている雨乞の滝／小学校／保育所／工務店／製材所／森林組合／グリーンバレー／映像事務所／栗カフェ／アート作品が点在する大粟山……。行く先々で生徒たちは、事前学習で得た情報をもとに、活動や仕事の内容、町の魅力や課題などについてインタビューした。

3学期は、特産のウメ農家や、町の歴史に詳しい住民、地域の食文化を語れる人たちを対象にした「聞き書き」に挑戦した。

ある女子生徒はこんな感想をレポートに書いている。

「私たちは自然が豊かな神山町が大好きで

す。教室から飛びだし、フィールドワークを行うことで、これまで知らなかった神山のことが少しずつわかってくる面白さを感じています。山や川など自然環境についても『私たちも何かできないか』と真剣に考えるようになりました。また、神山町で働く大人がとても輝いて見えたことも、印象に残っています。私たちはこれから、みんなで力を合わせて、すてきな町『神山』になるように活動していきたいと思っています。」

森山も手応えを感じている。「帰りのバスを待つバス停で生徒たちが『知っている人が通らないかな』と、道行く人や事を気にするようになったこと。『町を歩いていて、顔がわかる人ができた』と話す生徒がいたこと。『もっと神山のことを知りたい』と言う生徒がいたこと。少しでも、今自分がいる場所や身近な人や物事への興味を広げてくれたらと期待しています」。

高校と地域をつなぐ、孫の手プロジェクト

城西高校神山分校では神山創造学と並行して、町役場やつなぐ公社の支援を受けてもう一つのプロジェクトが進んでいる。地方創生戦略に盛り込まれた「孫の手プロジェクト」。通称「孫プロ」だ。

つなぐ公社で「孫プロ」を担当する杼谷は狙いをこう説明する。

住民と交流しながら、農業高校で学んだ技術を実社会で活かす経験を積む「孫の手プロジェクト」

高齢化と人口減少が急速に進む神山町では、庭木の剪定や菜園の草刈り、壊れた石垣やあぜ道の修繕など、住居周りの環境維持や管理が難しくなっている。そうした高齢者宅を訪ね、生徒と住民の関係性を育みながら、学校で学んだ技術を実社会で活かす経験を積む機会をつくるのが目的だ。生徒には依頼した家から、つなぐ公社を介して時給750円が支給される。ボランティアにしないのは、学校で学んだ技術が社会で役に立っている実感を持ってほしいからでもある。

分校にとっても、ありがたいオファーだったと教頭の阿部は言う。「県内唯一の造園土木科がある高校として、キャリア教育の一環として学んだことを活かす機会を与えていただき、積極的に取り組ませてもらっています」。

基本的に夏休みや冬休みなどに実施し、つなぐ公社は、作業を希望する地域のお年寄りと、学校や高校生をつなぐ役回りだ。２０１６年６月に試験的に1軒で実施。本番の8月には延べ３日間、希望した20人の生徒が4軒の高齢者の家を訪ね、庭木の剪定や畑の草取りなどで汗をかいた。

人生の大先輩から教わること

そのときの動画がウェブサイト「イン神山」で公開されている。蟬しぐれのなか、作業服姿の分校生たちが脚立に上がって庭木の剪定をしたり、畑を鍬《くわ》で耕したりする様子が収められているのだが、そのなかに孫プロの神髄を切り取ったような映像がある。

作業の休憩時間。冷えたスイカを出しながら、依頼者のおばあさんが高校生たちに声をかける。

「お世話になりました。手伝ってくれて楽できる。ありがとうなあ」

孫のような生徒たちが自宅まで来て、作業をしてくれていることを本当に嬉しく思っていることが伝わってくる。そして、こう語りかけるのだ。

「ヨソにお金儲けに行くっちゅうことはなかなかやろ。おばあさんは92歳やけんなあ。家が貧乏でなあ、麦のご飯や芋ばっかり食べて大きなったんよ。こまいときは」

そんなおばあさんの話を、生徒たちは真剣に聴きいった。

その後映像は1人の男子生徒に切り替わる。「おばあさんと話して何を思った？」とでも聞かれたのだろう。男子生徒は、お金を稼ぐことの大変さがわかったと話し、父親が亡くなった後、1人で働いて自分と弟を育ててくれている母親への感謝を口にする。そして「仕事をして働いたお金は家のことに使いたい」と言うのだ。

同行した杼谷は、休憩時間におばあさんの話を聞いた前と後で生徒たちが明らかに変わったと言う。「孫プロは、単なる労働力の提供じゃなく、地域の大先輩と話ができることに大きな意味があるんやろうと思っています」。

孫プロは、学校と地域をつなぐプロジェクトだ。そして孫のような生徒たちと高齢者という異なった世代をつなぐ取り組みでもある。そんな狙いで始まったプロジェクトは予想以上の成果を上げている。生きること、幸せとは何か、働くこと、子どもを育てること、家族のこと、老いること、死ぬこと……。長い年月を生き抜いてきた大先輩の一言一言は、これからの彼や彼女たちの人生をきっと支えくれるだろう。

孫プロを夏、冬と2回実施すると、生徒たちからは「ボランティアでいいからやりたい」「ゴールデンウィークもやりたい」という声が挙がるようになった。孫プロは以降、生徒たちの長い休みのたびに実施され、定着している。

今の農業高校に魅力はあるか?

もう一つ、触れておきたい城西高校神山分校をめぐる動きがある。分校のありようそのものを見直したのだ。きっかけは2016年7月、公社の森山と分校の魅力化について話しているとき、教頭である阿部が発した一言だった。

「しばらく続いている定員割れを打破したい」

分校の1学年の定員は造園土木科20人、生活科が10人と決まっている。しかし、最近は定員割れの状況が続いていた。幸い神山分校は、2014年度から5人の県外募集枠を県教委に認めてもらっていた。その枠を使って県外から生徒を呼び込もう、と阿部は言ったのだ。

しかし、森山は考え込んだ。そこまでの魅力が今の分校にあるんだろうか? 県外から分校に来たがる子が本当にいるだろうか?

考えた末に森山は提案した。

「これからの分校のあり方や、町との関係のあり方を考えるチームをつくれないでしょうか」

分校が今のままでなく、さらに魅力を増すには、地域をあげた支援態勢が欠かせない。そのために町やNPO、民間企業など関係者が一堂に会して神山分校のことを話しあう場をつくれない

か。そう言ったのだ。

2016年11月、検討会議が発足した。メンバーには、分校と本校、町、つなぐ公社をはじめ、グリーンバレー、フードハブ・プロジェクトの関係者も加わった。月に一度のペースで会合を持ち、どんな高校をめざすのか、前提なしで自由に話しあった。

ここで話しあった内容が、その後の分校のあり方の背骨になっていく。それについては後述するが、さらに2017年6月には「分校の明日を考える会」を立ち上げ、第1回目の会合が開かれた。考える会には、分校がある地区の住民、分校を卒業したOB、小中学校の教員や保護者、そして何より分校の生徒4人も加わった。地域ぐるみで分校を応援するうねりを広げる狙いがあった。そして生徒たちをメンバーに加えたのは、自分たちの手で分校の未来を考えてもらいたいからだ。

「実際、考える会では、生徒たちが臆することなく意見を言い、それを大人たちが温かく見守る光景が展開されました」。森山は嬉しそうにそう話す。

中山間地の農業をリードする高校に

神山分校はどんな農業高校をめざすのか。先の検討会議ではさまざまな可能性が話しあわれた。「フードハブとも連携して、中山間地域や条件不利地における農業の可能性を教える高校にで

きないか」「田畑を耕すというのは、里山の風景や環境を守る営みでもある。環境保全型農業を教えられないか」「環境と食と景観、この三つをキーワードにして新しい教育ができるんじゃないか」

議論に加わった大南は「僕は大きな思い違いをしていました」と前置きして、こんな話をしてくれた。

「海士町に行って、生徒をV字回復させた隠岐島前高校の高校魅力化の取り組みを目の当たりにしたとき、僕は神山にあるのが、どうして農業高校なんやろうと思っていました。普通科なら、こんなこともできるのに、と羨ましかった。

でも今は神山分校が農業高校でよかったと思っています。フードハブと連携すれば、神山町ならではの農業高校ができる。中山間地域の農業をリードする高校に全国から生徒がやって来るかもしれん。考えるだけでワクワクしてきます」

そして2018年春、城西高校神山分校の学科再編の内容が発表された。2019年度の入学生から造園土木科（20人）と生活科（10人）は、地域創生類（30人）として一括募集され、2年生になる段階で、環境デザインコースか食農プロデュースコースかどちらに進むかを選択するよう再編されるのだ。

各コースの特色は次のように記されている。

環境デザインコース＝造園に関する学習などを通して、農林業を基盤とした山村や河川流域環境の保全・再生に取り組む。

食農プロデュースコース＝地域に根ざした環境保全型農業を習得し、安全・安心な農産物の生産から加工過程を通じた魅力的な商品開発に取り組む。

さらに２０１９年度から「分校」の名称は消え、城西高校「神山校」に変更される。そして5人だけだが、県外からの生徒募集も始まる。地域から「隔絶」していた神山分校は、地域に根ざし、つながることによって地域のリーダーを育成する学校になろうとしている。

地域への誇りを育む国際交流プロジェクト

今、神山町で進んでいる教育プロジェクトは、城西高校神山分校をめぐる動きだけではない。２０１７年に始まった「国際交流プロジェクト」もその一つだ。２０１７年8月13日から21日まで、神山町の中高生7人がアムステルダムなどオランダ各地を訪ね、同世代の中高生とものづくりのワークショップをしたり、ホームステイをしたりして交流を深めた。

プロジェクトは町の教育委員会の委託を受けてつなぐ公社が実施。町教委主査の原田幸、森山円香、そしてアムステルダムを拠点に活動し、神山に移り住んだアーティスト、あべさやかが通

神山の中高生がアムステルダムなどオランダ各地を訪ね、オランダから中高生が神山町を訪問した国際交流プロジェクト

訳兼コーディネーターとして同行した。

10月には逆にオランダから中高生9人が神山町を訪問。町民の家にホームステイしてもらい、町民も巻きこんでオランダ料理をつくったり、さよならパーティを開いたりして町をあげて受け入れた。

町はオランダ訪問の関連予算として638万円を計上。渡航や宿泊費などを援助した町の狙いの一つは、次世代を担う子どもたちに国際感覚を身につけてもらうことだが、それだけにとどまらないと原田は言う。

「海外の人に神山がどんな町かを話そうとすれば、まず、神山のことを知らないといけません。生徒たちは事前準備に、町を知ろうと自転車で町内を巡ったり、神山ならではのプレゼントを渡そうと手ぬぐいを藍染めしたり、神山杉を使ったキーホルダーをつくったりしました。そうしたことが、町を見直すきっかけになり、海外から来た中高生たちが滞在を楽しんでいる様

子を通して地域への誇りを育んでもらえたのではないかと思っています」

森山はこう言う。「子どもたちを進学や就職で神山につなぎとめようとは思っていません。ただ、海外に出ることで日本や自分が住む地域を見直すということは大人だってあることです。国際交流プロジェクトが、『この町にもこんな可能性があるんだ』と気づくきっかけになればと考えています」。

「重要なのは人」という信念

神山町の地方創生戦略の中に、こんな文章がある。

「地域にとって最も重要な資源は〝人〟である。良質な資源があっても、それを価値化する人がいない限り、どのような可能性も形となって共有されない。〝人〟がなにより重要であり、その〝人〟と〝人〟の組み合わせから、これからの地域をかたちづくる活動や仕事が生み出されてゆく。」

謳われているのは、地域づくりで最も重要なのは人だという信念だ。そして未来を担う人材を育てるのが教育だ。人を得て、人を育てる神山の教育プロジェクトが音を立てて進んでいる。

9章　なぜ神山は前進するのか

今、神山町で進んでいるプロジェクトを関係者は「つなプロ」と呼んでいる。2015年12月に策定された町の地方創生戦略「まちを将来世代につなぐプロジェクト」から生まれたから「つなプロ」なのだ。フードハブ・プロジェクト、大埜地集合住宅と民家改修、そして多彩な教育プロジェクト。これまでに紹介してきたプロジェクトはさしずめ「つなプロ」の三つの大きな柱だ。

それらに比べると、ささやかだけれど、ユニークで意味のあるプロジェクトを紹介したい。

町の血行をよくするバスツアー

「町民・町内バスツアー」がそれだ。町役場とつなぐ公社が運行している。立ち上がりから担当し、バスガイドも務めたのが、町職員の馬場達郎とつなぐ公社の友川綾子だ。

友川はバスツアーをこう説明してくれた。

「見て、感じ、そこで働く人と話を交わすことで、町の血行をよくする取り組みです」

まちの血行をよくする、とはどういう意味なのだろう。

「ここ数年、神山に移り住む人が増え、サテライトオフィスができたり、新しい店ができたりして、視察に訪れる人が増えています。テレビや新聞で報道されることも増えたけど、自分は行ったことがないし、なんとなく行きづらい。町外の人に『神山、すごいね』と言われても、自分は何も

知らないから説明もできない。自分の町なのに、どこか他人事でモヤモヤする。そんな思いを持つ町内の人たちを乗せて、町内に新しくできた店やサテライトオフィスなどを巡るツアーです」

友川の話を聞きながら、私はつなぐ公社スタッフの赤尾苑香が「自分のあずかり知らないところで町が変わっていくことに、さみしさも感じていました」と語っていたことを思い出した。

今はフードハブの中心として動いている白桃薫は、地方創生戦略づくりに携わるまでの心境をこう語っていた。「腹を割って話すこともなかったし、移住者のことも神山で注目されて、どうせ外に出て行くんだろうと冷ややかに見ていました」。

新たに移り住んだ人たちと話す機会もなく、関係性ができないまま、モヤモヤやさみしさが募った状況が続くと反感も生まれる。そうした状況を改善することを、友川は「まちの血行をよくする」と表現したのだ。

移住者と住民が交わるきっかけ

2016年10月に行った二度のテストランを皮切りに、町内・町民バスツアーは月に1〜2回のペースで運行している。マイクロバスを使うため1回の参加人数は5〜15人。参加費は昼食代とお茶代などの実費1500〜2000円程度。町の広報誌や町職員の口コミなどで希望を

募っているが、町職員から紹介されるケースも多い。

実施日や訪問先は町民と相談しながら決めているが、朝9時半ごろから昼食をはさんで夕方4時ごろまでが一般的だ。コースはたとえば、こんな感じだ。

午前中にサテライトオフィスの「えんがわ」のIT機器が並ぶオフィスを訪問→開店前の「カフェ オニヴァ」で店や薪通貨のことを聞く→「かま屋」でフードハブ・プロジェクトについて聞いた後、昼食→「WEEK神山」でスライドを見ながら地方創生戦略について聞く→「神山サテライトオフィス・コンプレックス」でサテライトオフィス誘致の現状について聞く→オーダーメイドの靴屋「リヒトリヒト」訪問→「キネトスコープ」で「神山しずくプロジェクト」について聞く→「Yusan Pizza」訪問……。

友川は「訪問するだけが目的ではありません」と言う。「訪問先の人たちと言葉を交わすことに重きを置いています。訪問先の人たちもそれはわかってくれていて、オニヴァの齊藤さんやえんがわの隅田さんたちも歓待していろいろと説明してくれます。誰だって人見知りのところはあるし、知らない人には警戒心も持ちますけど、一度打ち解けるとそこが訪れたくなる場所に変わります。そのきっかけにしてほしい」。

参加するのは、地区の仲良しグループ、長寿会、消防分団などさまざまだが、高齢女性のグループ参加が多い。町民・町内バスツアーは、参加者から高い評価を得ている。

住民たちを乗せて、町内に新しくできた店やサテライトオフィスなどを巡る「町民・町内バスツアー」

「1人ではなかなか行けないところに行けてよかった。若い人が神山のために、こんなにがんばってるんだと元気をいただきました。私たちにも何かお手伝いできることがあれば、させていただきたいと思います」

「初めて行ったところばかりだったんですけど、住民の方から移住者に近づいていかなければいけないと思いました」

「来年就職する息子が、神山を離れたがっているけど、『こんないいとこがある』と言って、引き留めるようにがんばりたい」

「神山に住んでてよかったな！　と思える1日でございました」

そして訪問を受ける側にも大切な時間になっているようだ。

「地域との接点があまりなく、町の人の生

の声を聞ける機会はすごくありがたい」

「町外からの視察はそれきりのことが多いが、町の人は今後もずっと関わる人なので、知りあえるよい機会になっている」

「もっと町の人にオープンな場所にしていきたい」

近年、神山町だけでなく、田舎に移り住む若者たちが増えている。しかし、数が増えるにつれ、各地であつれきが生じることも増える。もとからの住民と新たに移り住んだ人たちの交流を図ることは大切なことだ。

バスツアーの1回の参加人数は5〜15人と多くはない。しかし、参加した住民たちは必ず、行く前の自分とは違っていることに気づくことになる。参加してみようという住民がいること自体がすばらしい。そんなバスツアーを重ねていくことで、町の血行をよくする。ささやかだけれど、ユニークで意味のあるプロジェクトだ。ほかの自治体でも試してみる価値はある。

神山のプロジェクトが前進する理由

現在進行中の「つなプロ」について書いてきた。まだ動き始めて2年余りしか経っていないが、各プロジェクトは着実に成果をあげながら進んでいるように見える。なぜ、神山のプロジェクト

は前進するのか。取材を通して見えてきたことを記しておきたい。

まず一つ目は、プロセスの大切さだ。

地方創生戦略づくりもそうだったが、大埜地集合住宅プロジェクトでは、住民と一緒にプロジェクトを進めていくプロセスの丁寧さに驚いた。丁寧なプロセスを踏むことによって、プロジェクトに関わる人たちが増え、その人たちの自分事になる。いろんな人の思いやアイデアが上乗せされることによって、当初は予想もしなかったプロジェクトが始まることもある。そして、プロジェクトは地域にしっかりと根を張ると同時に、幹を太くし、枝を張ることができるのだ。結果に至る単なる過程ではなく、プロセス自体が大きな意味を持っている。

二つ目は、「つなぐ」をキーワードにした慧眼《けいがん》だ。

つなプロがつないでいるものを思い浮かべてみる。役場と住民、官と民、学校と地域、もとから住んでいる人と新たに移り住んできた人、現在と未来……。考えてみれば、「まちづくりとはつなぐこと」と言い換えることもできるかもしれない。「つなぐ」を意識すると、やるべきことがクリアに見えてくる。一つ目に挙げた、プロセスも、結局のところ、さまざまなものを丹念につないでいく作業だとも言える。

三つ目は、「神山つなぐ公社」の役割の大きさだ。

やたらと外部化すればいいとは思わない。しかし、とりわけ小規模な自治体の職員は手一杯の

仕事を抱え込んで余裕がない。それを補完する意味で、いろんな分野のプロたちが集結している公社の存在は大きい。中間支援組織のような公社が、役場と住民、民間、町外の人材をつなぎ、町役場と一緒にさまざまな企画を立案・実行している。公社抜きで、今神山町で進行しているプロジェクト群は考えられない。

なぜ、公社が必要なのか。西村佳哲はこう語ったことがある。「戦略が形になるには最低10年はかかる。変動要素に左右されない、官と民の中間のような息の長い組織が必要だと思いました」。公社は、神山町の変革を一過性の盛り上がりに終わらせることなく、歯車を回し続けるエンジンになっている。

四つ目は、町役場の実現するという覚悟だ。

プロジェクトに金を出し、施策を実行し、あるいは後押しする行政、町役場の計画実現への意志が重要だ。地方創生戦略の議論が始まるとき、町長の後藤正和は「これは実現させるための計画です」と宣言した。実動部隊となる神山つなぐ公社設立のために、少ない予算から1000万円を拠出した。町役場がぶれないから、公社や住民、民間も安心して前に進める。役場と公社が車の両輪となり、絶妙の間合いをとりながら、神山町の未来をつくるプロジェクトを進めている。

130人が詰めかけた「つなプロ」発表会

最後に、「つなプロ発表会」のことを書いておきたい。先にも書いたが、自治体がつくる計画は大抵がつくりっぱなしだ。政府に促された地方創生の総合計画は全都道府県と市町村がつくった。しかし計画策定後に、その計画実現の進捗状況を住民に報告する会を開くなんて話は聞いたことがない。

それを神山町は開いた。2016年11月に開かれた「つなプロ発表会」だ。

地方創生戦略を2015年12月に策定し、翌年4月に神山つなぐ公社を設立して「つなプロ」は実現に向けて動き始めた。それから7カ月がたった時点で進捗状況を町民に報告しようと、町とつなぐ公社が開いた会だ。

会場には約130人が詰めかけた。20代から70代までと幅広い世代が集まった。ワーキンググループのメンバーとして戦略づくりに関わった人もいたが、大半は自分が暮らす町で何が起きているのか、町がどこに向かおうとしているのかを聞きたいと集まった住民たちだ。

発表会で最初にマイクを握ったのは、町長の後藤正和だった。全国の自治体のなかで消滅する可能性が20番目に高い自治体として神山町が名指しされた日本創成会議のレポートに触れ、こう言った。

20代から70代まで幅広い世代の住民130人が
詰めかけた、つなぷろ発表会

「消えるわけにいかない。消させないという思いで地方創生戦略をつくりました。この戦略は実現させるための計画です」

そして地方創生戦略についての説明があった後、つなぐ公社の杼谷学と町役場の馬場達郎の進行でプロジェクトごとの報告が始まった。大埜地集合住宅の開発、民家改修、フードハブ・プロジェクト、孫の手プロジェクトなど教育プロジェクト、町民・町内バスツアー……。

担当する役場職員、つなぐ公社のスタッフだけでなく、民家改修の施工を任された大工の大家稔喜や荒井充洋、城西高校神山分校の教頭の阿部隆ら、プロジェクトに関わった人たちも次々とマイクを握った。

発表会は、コーヒーブレークをはさんで、午後7時から10時過ぎまで3時間に及んだ。その間、途中退席する人はほとんどいなかった。そもそも誰に強

制されるわけでもないのに、役場が開くこの種の会合にこれだけの人数が集まること自体が驚きなのに、3時間の会合で誰も帰ろうとしないのだ。

頷きながら担当者の話に真剣に耳を傾ける人、配布された説明資料にメモをとる人、コーヒーブレークの間に担当者に質問をぶつける人……。そんな住民たちを目の当たりにした私は、公社スタッフの森山が戦略づくりの会合に参加したときの感想をこう話したのを思い出した。

「この町の、前しか向いていないエネルギーってなんだろうって思いました」

めざしているのは本物の「協働」

この熱はどこからくるのだろう。プロジェクトの進捗状況の説明が続く会場で考えをめぐらせているうち、ふと思った。神山町の人が特別なのだろうか？　もし神山町と同じように、プロセスを住民と共有し、一緒になってプロジェクトを進めたとしたら、そしてこうした発表会を開けば、どの町だって住民は集まってくるのではないか、と。

どこの町の住民だって自分が住む町がよくなればいいと思っている。町がどうなるかにも関心がある。しかし、そうした思いにふたをされてしまっているだけではないか。神山町は、住民の思いにふたをするのでなく、逆に引きだそうとしている。だから「前しか向いていないエネル

ギー」が生まれるのではないか。

「協働」という言葉を行政が安易に使うのが私は好きではない。情報は行政が独占し、プロセスに立ち入ることも認めないまま、行政が住民にやってほしいことを「協働」という名のもとにやらせる。そんな、まがい物の「協働」がまかり通っていると思えてならないからだ。しかし、今の神山がめざしていることは、本来あるべき「協働」にほかならない。

ワクワクする未来をつくる

神山町の「協働」をめざす歩みは止まらない。発表会だけでなく、地方創生戦略をリニューアルする作業を続けているのだ。

策定から1年余りがたった2017年1月、そのリニューアル作業にあたる「ワーキンググループ2」が結成された。戦略は2015年、住民や役場職員ら28人で構成するワーキンググループが策定した。その第2弾では住民や役場職員で構成するメンバーを50人に増やした。前のワーキンググループでメンバーだった人もいるが、多くは新規のメンバーだった。

一度たてた戦略を、さらに多くの住民や役場職員を巻き込んで見直し、新たなプロジェクトを発掘する作業は2017年1月から3月にかけて行われた。取材した1月末の会合では、5人ず

つのグループに分かれて各自が考えたテーマやプロジェクトを発表した。そのいくつかを紹介する。「休校になった小学校舎の利用を考えよう」「林業移住を増やしたい」「ものづくりのこれからを考えたい」「高齢になっても安心して暮らせるしくみをつくりたい」「独身者の出会いの場をつくりたい」「町民運動会を開こう」

思いつきのようなアイデアから、具体的に内容が詰まった案まで熟度はさまざまだったが、それぞれの住民が町の将来を真剣に考えていることが伝わってきた。そんな議論を目の当たりにして、私は「地方自治」の原型を見る思いがした。

以前、大学で地方自治を教えるだけでなく、いろんな自治体のまちづくりに関わっている大学教授から、こんな話を聞いたことがある。「地方自治もまちづくりも、目標は、そこで暮らしている人たちが『この町に住んでよかった』と誇りに思えるような地域をつくることなんです」。

最後に、神山の取材で印象的だった言葉を紹介したい。それは「ワクワクする」という言葉だ。「町の将来を考えるとワクワクする」「次に何が起きるかとワクワクする」「プロジェクトがどうなるか、ワクワクする」

普通に暮らしていて、ワクワクするようなことにはなかなか出会わないと思うのだが、この町の人はとにかくよく口にするのだ。私自身、取材していてワクワクしたことが何度もあった。

この町では「ワクワクする未来」を住民たちが自らつくり始めている。

おわりに――仮説をひっくり返される快感

やはり取材は面白い。神山町の取材を通して、あらためてかみしめた。

取材とは、前もって資料に目を通し、なんらかの仮説を立て、それを現場でぶつける作業の繰り返しだ。仮説がその通りのこともあるが、ほとんどの場合、違っている。違った方が面白い。仮説がそのままなら、現場に行く意味もない。違っているとわかってから本当の取材が始まる。

神山町の取材では、立てていた仮説がことごとくひっくり返された。何が違っていたのか。順に書いてみる。

〈仮説その1〉ＮＰＯ代表の強烈なリーダーシップで今の神山がある

人口5300人ほどの過疎の町に、なぜたくさんの移住者やＩＴ企業が集まってくるのか。地域再生のヒントを求めて神山町に入る前、ＮＰＯ法人グリーンバレーが移住者受け入れやＩＴ企業誘致を担っていて、その中心人物が大南信也さんだということは知っていた。よくありがちな、強烈なリーダーシップで組織やまちづくりを引っ張るイメージを想定していた。

しかし、違っていた。

確かに大南さんは発想が豊かで弁が立ち、人が自然に周りに集まってくる人物だ。だが、グリーンバレーは、決して大南さんとその他大勢の組織ではない。世話好きな岩丸潔さん、縁の下の力持ちの佐藤英雄さん、森昌槻さんたちがいて、それぞれが持ち味を活かして活動する、自由でフラットな組織だった。

もし強烈なリーダーシップで引っ張る組織なら、今の神山はない。サテライトオフィスを構えたプラットイーズ取締役会長の隅田徹さんは、神山を選んだ決め手は「緩さ」だと言った。「ヨソ者をオープンに受け入れ、多様性を認める。自分の考えを押しつけない。その緩さ加減が最高だと思う」と。

ヨソ者も自由に意見が言えるし、それを受け入れる柔軟さもある。グリーンバレーが醸しだす自由でフラットな雰囲気にひかれて移住者や企業が集まり、その多様さがまた人を集めているのだ。

〈仮説その2〉緻密な計算があったから成功した

移住者呼び込みやＩＴ企業誘致も、緻密《ちみつ》な計画があってのことだろうと思ったが、これも違っていた。

移住者が来るようになったのは、「アーティスト・イン・レジデンス」で招いた国内外の芸術

家が神山を気に入って、住みつくようになったのがきっかけだ。関係者の誰もそんなことは想定していなかった。

手に職を持つ人に来てもらう「ワーク・イン・レジデンス」が始まったのも、たまたまウェブサイトづくりを依頼した西村佳哲さんの「町に仕事がないなら手に職がある人に来てもらって起業してもらえばいい」というアドバイスがあったからだ。

さらにIT企業誘致は、もっと偶然だ。第一号のサテライトオフィスを構えたSansan社長の寺田親弘さんが神山にやって来たとき、大南さんは「サテライトオフィス」という言葉すら知らなかった。その後は確かに「神山バレー・サテライトオフィス・コンプレックス」をつくるなどして誘致に力を入れたが、始まりは鴨がネギをしょってきた、という感じだったのだ。

では、なぜ神山に移住者やIT企業の進出が相次ぐのか。大南さんは「結果として」という言葉をよく使う。「いろいろな人との出会いがあって、結果としてこうなったとしか言いようがない」と。だから大南さんは「まちづくり」という言葉にも違和感があると言う。

「まちづくりというと、はじめに計画があって、それに基づいて進めてきたイメージやけど、今、神山で起きているさまざまな動きは、土壌をつくったら『生えてきた』という感じやな」と言うのだ。

それでは、偶然の幸運が重なっただけなのか、といえば、「それは違う」とSansanの寺田

さんは言った。「僕が行かなくても早晩、神山にはほかの企業が入ったと思います。それは確信があります。偶然だけど必然なんです」。

絶妙のタイミングで必要とされる人が現れる偶然を引き込む力。それは、隅田さんの言う「緩さ」だったり、それを育む「土壌」だったり、人が集まったことで生まれた「多様性」だったりするのだろう。

〈仮説その3〉神山のまちづくりも旬を過ぎつつある

移住者が増え、IT企業のサテライトオフィスが相次いで進出した神山町は、地方創生のモデルとして知られている。マスコミにもよく登場する。しかし、グリーンバレーの主要メンバーも60代に入っている。旬は過ぎつつあるのではないか、と私は取材に入る前に思っていた。

しかし、まったく違っていた。ここ数年でグリーンバレー頼りだった神山のまちづくりは様相を一変させ、世代交代も進んでいたのだ。

その動きを加速させたのが、2015年の地方創生の総合戦略づくりだった。「役場と民間、もとからの住民と移住者が入り混じり、熱を持つ『るつぼ』をつくる」ことを狙った戦略づくりの議論の場で、さまざまな地域再生のプロジェクトが生まれていた。

仮説をひっくり返される快感を一番感じたのが「その3」だ。

まちづくりで知られたほかの地域と神山の一番の違いは、ここにある。戦略づくりや、それから生まれたプロジェクトを取材するのがとにかく面白く、気づきや学ぶことが多かった。原稿を読み返してみると、いささか感情過多になっているきらいがあると思う。しかし、地方を再生させるヒントが詰まっていると思う。

私が神山町の取材を始めたのは2016年春だった。それから2年半の歳月が過ぎた。この間には多くの変化もあった。神山つなぐ公社スタッフの友川綾子さんは2017年5月末に公社を辞め、フリーのライター・編集者に戻り、首都圏で活躍している。

つなぐ公社の理事の顔ぶれも変わった。一番は大南さんが理事を外れたことだろう。大南さんは設立以来務めていたグリーンバレーの理事長も降り、理事になった。後任の理事長には、粟カフェの中山竜二さんが就いた。

神山メイカースペースの一員だった寺田天志さんは結婚を機に愛媛県に転居した。

神山町に興味を持つ人の理由はさまざまだろう。

地方に移住したいと漠然と思っている人。IT企業の新しい働き方に興味がある人。地方の再生やまちづくりのヒントを探している人……。

神山町の過去から2018年の現在までの軌跡を辿ることで、それぞれのニーズに応える一冊

になっていると思う。

取材では本当にたくさんの人にお世話になった。最も取材回数が多かったのは大南さんだ。全国を飛び回る講演や仕事で多忙ななか、嫌な顔ひとつせず、丁寧に取材に応じてくれた。

後半部分では西村佳哲さんに随分とお世話になった。もとより地域に関わるというのは、非常に繊細な営みだ。移り住んできた人であれ、もとから暮らしてきた人であれ、ことさら自分にスポットをあててほしくない、と言う人は多かったが、西村さんもその1人だった。それでも神山の実際のところを書いてほしいと何度も取材に時間を割いていただいた。城西高校神山分校の阿部隆教頭にもいろいろとアドバイスをいただいた。阿部さんも2018年春に異動した。

挙げだせばきりがないが、みなさんに感謝を申し上げたい。この本の写真提供でも協力いただいた。そして申し訳なく思っているのは、取材させていただきながら書くことが叶わなかった人たちがたくさんいることだ。お世話になりながら申し訳ありません。また、神山に行った際に、個別に申し上げます。

この本は、2016年10月3日から12月16日まで、朝日新聞大阪本社発行の夕刊に掲載された52回の連載「神山町の挑戦」を下地に、追加取材して全文をあらためて書き下ろした。学芸出版社の宮本裕美さんから「出版しませんか」と電話をいただいたのは連載が始まってすぐだった。新聞連載が終わっても、本の原稿が進まない私を励ましつづけ、出版までこぎつけさせてくれた。

出版のきっかけを与えていただいたことと合わせ、お礼を申し上げます。

深夜や休日、部屋にこもっての執筆を支え、いつも原稿の最初の読者として助言してくれた妻・れい子にも感謝したい。

本の出版はこれで3冊目になる。『今、地方で何が起こっているのか』（共著、公人の友社）では、財政破綻したばかりの北海道夕張市や、「限界集落」の言葉が生まれた高知県の過疎集落などをルポした。『釜ケ崎有情』（講談社）では、日本最大の日雇い労働者の街、大阪・釜ケ崎で生きる人たちの話を書いた。いずれも厳しい状況のなか、希望を求め続ける人たちの姿を追った。

神山町も同じだ。

四国の山奥にある「消滅可能性都市」のレッテルを貼られた町で、自分たちの町の未来を変え始めた人たちの思いが、あなたに届きますように。そう思ってやまない。

２０１８年夏

神田 誠司

図版クレジット

朝日新聞社：p.2-3、25、30、43、60、66、67、70、82、90、94、101、105、107上、111、113、116上、128、139、153
株式会社フードハブ・プロジェクト：p.6-7、15下、174、176、182、184、186、187、189、190、192
一般社団法人神山つなぐ公社：p.10-11、215、224、226、233、239
Sansan株式会社：p.14上、55、61
生津勝隆：p.15上、35、119、120下、161、203、212、213
小西啓三：p.39
NPO法人グリーンバレー：p.53
神山バレー・サテライトオフィス・コンプレックス：p.76
あべさやか：p.79、80、120上
キネトスコープ社：p.83下
坂東幸輔建築設計事務所：p.87上
カフェ オニヴァ：p.95
神山塾3期生：p.107下
リヒトリヒト カミヤマ：p.109
神山町「まちを将来世代につなぐプロジェクト」：p.143
近藤奈央／倉良写真館：p.159
神山町：p198、200
森口耕次：p.210上

神田誠司（かんだ・せいじ）

1959年生まれ。愛媛県で育つ。1983年朝日新聞社入社。1990年から大阪社会部で地方行政を担当。1998年から東京政治部で首相官邸や自治省（当時）を担当。2005年から地方分権・地方自治担当の編集委員を長く務め、2021年に退職した後はフリーランスのライター。関心分野は、まちづくり、地方再生、地方議会、地方移住、貧困と格差、住まいと福祉、シニアの生き方など。著書に『今、地方で何が起こっているのか』（共著、公人の友社）、『釜ヶ崎有情』（講談社）。

神山進化論

人口減少を可能性に変えるまちづくり

2018年10月30日　初版第1刷発行
2025年3月20日　初版第4刷発行

著者　神田誠司

発行所　株式会社学芸出版社
京都市下京区木津屋橋通西洞院東入
電話075-343-0811　〒600-8216
発行者　井口夏実

編集　宮本裕美（学芸出版社）
装丁　藤田康平（Barber）
DTP　梁川智子
印刷・製本　モリモト印刷

ISBN978-4-7615-2692-4　Printed in Japan